Befreit LEBEN

Warum es sich lohnt,
seine innere Stärke zu finden.

Für alle, die wir lieben

Impressum

Bildnachweis:
iStock: Cover, S. 12, 24, 15, 66, 82, 102

ISBN 978-3-7088-0690-7

Copyright Kneipp-Verlag GmbH und Co KG
A-1010 Wien, Lobkowitzplatz 1
www.kneippverlag.com

Autorinnen: Gabriele Liebl · Monika Schermann
Lektorat: Marion Mauthe
Grafische Gestaltung: extraplan.at
Covergestaltung: Oskar Kubinecz
Druck und Bindung: NEOGRAFIA, a.s.

Printed in the EU

1. Auflage, September 2016

Gabriele Liebl · Monika Schermann

Befreit LEBEN

Warum es sich lohnt, seine innere Stärke zu finden.

Reset your Life

kneipp verlag

WIEN

Hinweis zum Buch

Unser Unterbewusstsein nimmt Du-Botschaften besser auf als die förm-
liche Anrede. Es fühlt sich angesprochen, und Veränderung ist dadurch
leichter möglich. Daher haben wir uns entschieden, dich zu duzen und
hoffen, dass das für dich in Ordnung ist!

Aus Gründen der besseren Lesbarkeit haben wir auch auf die gleichzeitige
Verwendung männlicher und weiblicher Sprachformen verzichtet. Sämtli-
che Personenbezeichnungen gelten gleichermaßen für beiderlei Geschlecht.

Inhalt

Vorwort

Unsere Motivation für das Buch

Wir haben in unserer Praxis, in Seminaren – aber auch im Austausch mit Kollegen – mit unserem Reset yourself PLUS Programm so viel Erfahrung gewonnen, dass in uns die Idee und vor allem der große Wunsch gewachsen ist, das nun vorliegende Buch zu schreiben. Hier wollen wir wichtige Themen auf den Punkt bringen und bieten dir dabei auch zu wichtigen Themen genau abgestimmte Übungen und Reflexionsanleitungen an.

Das Buch, das dir hilft, dir selbst zu helfen

Das sind nicht nur leere Worte und Theorie – wir gehen mit den angebotenen Übungen gleich auch in die Praxis. Unser Buch soll dir auf der einen Seite ein individueller Ratgeber sein, auf der anderen Seite auch dazu dienen, deine Selbstreflexion und deine Eigenverantwortung zu stärken. Wir wollen dich darin unterstützen, dass du dich so, wie du bist – mit all deinen Fähigkeiten und Ressourcen – als einmalig und perfekt erkennst. Die eigene innere Festplatte ist voll von Schätzen, die wir nutzen können. Oft sind sie verborgen und wegen alter Verhaltensweisen, die wir eigentlich nicht mehr benötigen, verschüttet. Wir wollen dich unterstützen, deine Schätze zu heben.

Was ist Reset your Life PLUS?

Reset your Life PLUS® steht für ein ganzheitliches Programm, das von uns entwickelt wurde. Das Konzept dahinter: Alles, was wir im Lauf unseres Lebens an Gedanken, Überzeugungen, Verhaltensweisen, Wissen und Erfahrungen etc. abgespeichert haben, wird überprüft und analysiert. Wir stellen uns unter anderen folgende Fragen:

► Was ist alles da?

► Was ist hinderlich?

► Was ist förderlich für meine Ziele und Bedürfnisse?

► Was nutze ich bereits?

► Wohin möchte ich?

► Welche Fähigkeiten wurden vernachlässigt, welche »Programme« brauche ich nicht mehr, sind sogar hinderlich?

▶ Welche Potenziale sollte ich wieder aktivieren und fördern, um meine Ziele zu erreichen?

Auch die Ziele werden einer Prüfung unterlaufen:

▶ Wer bin ich?

▶ Wohin möchte ich?

▶ Passen meine Ziele noch oder muss ich sie entsprechend ändern?

Das PLUS steht für die anschließende Optimierung und Formatierung der eigenen Festplatte, um sicherzustellen, dass Veränderungen nachhaltig Verbesserung bringen und ich meine Ziele erreichen kann, ich mich weder im Kreis drehe, noch irgendwann mit dem Gesicht zur Wand stehe.

Das PLUS steht auch dafür, Vertrauen in die eigenen Fähigkeiten zu setzen, die Überzeugung zu stärken, dass alles, was ich brauche, schon vorhanden ist. Es geht darum, bei sich selbst anzusetzen anstatt zu warten, dass sich im Außen etwas ändert. Sich mit den eigenen Fähigkeiten und Möglichkeiten auseinanderzusetzen, ist viel spannender und aufregender, als im Außen zu beobachten, was alles nicht so gut läuft.

Im ersten Kapitel möchten wir dir vor Augen führen, warum du so wertvoll und einmalig bist. Es ist nicht das Außen, das uns kritisch beurteilt, der größte Kritiker sind wir selbst. Wenn wir uns ärgern oder uns Situationen nicht gewachsen fühlen, ist es nicht so sehr die andere Person oder Situation, die Ärger oder Unsicherheit in uns hervorruft, sondern unsere Unfähigkeit, in diesem Moment mit uns selbst in Kontakt zu kommen und das zu tun oder zu sagen, was uns wichtig ist.

Zu wissen, was uns emotional berührt, verletzt, ansport und Freude macht und dies auch anzunehmen, hat den Vorteil, zu sich und zu anderen Menschen in Kontakt zu kommen. Es verleiht uns Sicherheit und Gelassenheit, und die anderen nehmen uns als authentisch und stark wahr. Diese Fähigkeit wollen wir in dir stärken.

Deine aktuelle Ist-Situation werden wir im zweiten Kapitel näher beleuchten. Wo stehst du im Moment? Wie zufriedenstellend sind deine Lebensbereiche? Wir alle haben individuelle Situationen, unsere Empfindungen und Bewertungen sind unterschiedlich – und entsprechend vielfältig und individuell sind auch die Lösungen.

Ziel ist es, von den Verallgemeinerungen wegzugehen, hin zum Leben und der aktuellen Situation jedes Einzelnen. Dieses Buch wird dich unterstützen, deinen Weg aufzuzeigen und zu analysieren, und wird dir helfen, diesen individuellen Weg zu optimieren und deine Ziele klar zu formulieren. Wir möchten dich motivieren, die angeführten Übungen durchzuführen, denn sie unterstützen dich dabei, konkrete Schritte zu setzen, bist doch du selbst dein bester Freund und engster Berater. Falls du davon noch nicht überzeugt bist, wird am Ende des Buches deine Überzeugung hoffentlich eine andere sein.

Unsere Schwerpunkte liegen – neben der Erfassung der Ist-Situation – in der Erklärung und Analyse der logischen Ebenen der Veränderung. Wir helfen dir dabei zu klären, was alles hinter deinem Verhalten steckt und was dein Tun beeinflusst. Ziel ist die Bewältigung von Stress und vor allem der Resilienz – also der eigenen Widerstandskraft.

Wenn Du beim Lesen unseres Buches an bestimmten Stellen denkst: »Kenne ich schon, brauche ich nicht«, bleib bitte trotzdem dabei. Denn das ist oft die Chance, sich zu den vielleicht schon bekannten Überlegungen die Frage zu stellen, ob man diese Ziele auch wirklich lebt und dieses Wissen aktiv umgesetzt hat.

Wir haben für dieses Buch eine Website (www.resetyourselfplus.at/buch) eingerichtet, auf der du sowohl geführte Fantasiereisen als auch Zusatzmaterial findest. Lass dich überraschen! Wir werden im jeweiligen Kapitel darauf verweisen. Das Passwort zu diesem Bereich ist: resetyourlifeplus

Zuletzt noch eine Anregung für dich: Lies dieses Buch mit einem Stift in der Hand! Wir empfehlen dir auch dein ganz persönliches Buch anzulegen. Dort kannst du die angegebenen Übungen durchführen, dir Notizen machen über deine Aha-Erlebnisse oder auch offene Fragen aufschreiben. Wir laden dich ein, zu reflektieren, die Verantwortung für dein Leben zu übernehmen und die Freiheit zu feiern, die oftmals größer ist, als du glaubst. Am Ende wirst du ein Meisterwerk in Händen halten, deinen persönlichen Ratgeber, der dich auch die nächsten Jahre inspirieren und begleiten wird, denn dein Buch wird dir eine Geschichte über die Begegnung mit dir selbst erzählen. Du wirst auf eine Fülle eigener Ideen und Lösungsmöglichkeiten zurückgreifen können, sobald du in deinem Tagebuch blätterst. Und du wirst begeistert sein, wie viel in dir steckt. Viel Spaß dabei!

Jetzt können wir eigentlich schon loslegen. Sei neugierig und freue dich auf all das, was dir begegnen wird, neue Inspirationen und Ideen, neue Ziele und Strategien.

Lass dich auf etwas Neues ein und verlasse die Komfortzone, denn wir Menschen neigen dazu, Altbewährtes zu bevorzugen. Aber wieso sich nicht einmal die Freiheit nehmen, seinen Blick zu erweitern? Das Feine ist, dass so ein Buch weder beißt, bewertet noch lacht. Es meckert nicht im Hintergrund, spricht nicht zurück (oder nur manchmal) und ist geduldig.

Gabriele Liebl und Monika Schermann

Kapitel 1
Was wäre die Welt ohne mich?

Was wäre die Welt ohne mich?

Auf die Dauer der Zeit nimmt die Seele die Farbe der Gedanken an.
Marc Aurel (121–180 n. Chr.)

W as wäre die Welt ohne mich? Was für eine Frage! Musstest du schmunzeln, schüttelst du den Kopf über so viel Hochmut oder denkst du, dass man sich doch niemals so wichtig nehmen sollte? Dann hast du das richtige Buch gekauft. Denn wir meinen es ernst und sind überzeugt, dass du spätestens nach dieser Lektüre mit voller Überzeugung sagen wirst: Was wäre die Welt ohne mich?

Es ist Zeit für dein eigenes Buch

Leg dir dein eigenes kleines oder aber auch großes Notizbuch an. Es soll die Schatztruhe für deine Gedanken, Ideen und Schätze sein, ein Lexikon, das ganz allein für dich geschrieben wird. Schreib dein eigenes Buch, fülle die Schatztruhe mit Ideen, Gedanken und Zeichnungen. Es wartet darauf, dass es von dir mit Leben erfüllt wird. Man geht in der Psychologie auch davon aus, dass der Mensch die meisten Ressourcen, die er zur Lösung seiner Probleme benötigt, in sich trägt. In der Beratung und in der Therapie – aber natürlich auch in der Selbsthilfe – geht es darum, diese Ressourcen zu entdecken und zu entwickeln. Auch die Wissenschaft hat festgestellt, dass man Probleme eher mit eigenen Ressourcen löst – also mit der eigenen Schatzkammer, sprich, mit dem, was du in deinem Büchlein niederschreiben wirst – und nicht dadurch, dass man sich im Problem verliert.

Wer bin ich und wo will ich hin?

Hast du das Gefühl, dass das Leben nur mehr an dir vorbeirauscht und du kaum Möglichkeiten hast, einzugreifen, mitzugestalten und all die Träume, die du einmal hattest, zu leben? Du hast vergessen, dass du wunderschön, einzigartig und vor allem enorm schöpfungsreich bist, wie viel in dir steckt, du hast den Mut und das Vertrauen verloren, aus dem Vollen zu schöpfen und glücklich zu leben. Kommen dir Sätze wie »Das geht jetzt leider nicht« – »Ich habe keine Zeit dafür« in den Sinn? Kannst du dich an die Momente erinnern, wo du das Gefühl hattest, dass dir die Welt zu Füßen liegt? Wann hattest du zuletzt ein Hoppla-jetzt-komme-ich-Gefühl?

Es ist Zeit, dich wieder daran zu erinnern, wie viel Potenzial in dir steckt. Es geht darum, welchen Sinn du in deinem Handeln und in deinen einzelnen Lebensrollen siehst und lebst. Auf welchen Fokus du deine Gedanken richtest und an dich und deine Ressourcen glaubst.

In unserer Kindheit haben wir damit begonnen, Kritik und Einschränkungen gegenüber unserer Person ohne Widerspruch von den Menschen zu übernehmen, die wir unter allen

Umständen dazu bringen wollten, uns zu lieben: von unseren Eltern oder von anderen uns wichtigen Bezugspersonen. Ihre Beurteilungen und Bewertungen haben wir niemals hinterfragt oder angezweifelt. Wir haben uns an unser Umfeld angepasst und uns den Anforderungen entsprechend verhalten, um die lebensnotwendige Liebe und Anerkennung zu bekommen. Heute sind wir erwachsen, die Zeit der Kindheit ist vorbei, mit allen Vor- und Nachteilen. Wir haben die Möglichkeit, uns frei zu entscheiden und unser Leben aktiv in die Hand zu nehmen.

Der Elefant in uns

Wir sind oft wie der große Elefant, der sich nicht vom kleinen Pflock befreien kann. Wir wurden als kleine Wunder mit ungeheurem Potenzial geboren. Wir sind der Freude gefolgt und haben unseren Instinkten vertraut. Wir wurden aber auch mit dem starken Bedürfnis nach Liebe und Anerkennung geboren und davon geprägt.

Wir verweigern uns bestimmten Aufgaben, weil wir davon überzeugt sind, sie nicht bewältigen zu können, nur weil wir an ihnen nur einziges Mal – vielleicht sogar in unserer Kindheit – gescheitert sind. Geblieben ist die Botschaft, dass die Sache nicht zu schaffen ist und wir ihr machtlos gegenüberstehen.

In diesem Zusammenhang möchten wir dir eine kurze, wahre Geschichte erzählen: Hast du dir schon einmal Gedanken darüber gemacht, warum ein Elefant nie davonläuft, obwohl er nur an einem Fuß an einen kleinen hölzernen Pflock angekettet ist, der nur wenige Zentimeter tief in der Erde steckt? Man könnte meinen, er fühlte sich wohl und wollte gar nicht weg. Aber nein, der Grund liegt ganz woanders: Der Elefant flieht nicht, weil er schon seit frühester Kindheit an solch einem Pflock festgebunden ist. Als kleiner Elefant hat er es natürlich versucht, jeden Tag wieder aufs Neue, er schaffte es nicht. Bis er eines Tages diese Ohnmacht akzeptiert und sich in sein Schicksal gefügt hat. Dieser riesige, mächtige Elefant, der die Kraft hat, einen Baum mitsamt seiner Wurzel auszureißen, stellte nie wieder seine Kraft auf die Probe und hat diese Erinnerung auch nie hinterfragt.

So geht es uns auch: Wir sind oft an Pflöcke gekettet und haben aufgegeben, uns davon zu befreien, weil wir als Kind möglicherweise einmal versucht haben uns zu befreien, es aber nicht geschafft haben. Wir spüren diese Fesseln immer noch, die Kette klirrt, schmerzt und wir denken: »Ich kann das nicht, ich werde das niemals schaffen.« Es ist zwar gut, wenn man sich bewegt, denn so spürt man seine Fesseln (manche bewegen sich nicht einmal mehr), aber wir sollten den Schritt gehen und diese Ohnmacht hinterfragen.

Wir sind unser bester Berater und Freund – machen wir was draus

Kennst du solche Gedanken? »Ich bin nichts wert.« – »Ich bringe nichts auf die Reihe.« – »Ich bin blöd« – »Ich bin hässlich, zu dick etc.« – »Ich werde nie Erfolg haben.« – »Ich werde das niemals schaffen!«

➲ *Fällt dir auf, dass wir gar nicht die anderen brauchen, um uns schlecht zu machen?*

Max, der in seiner Kindheit nur dann Zuneigung erfahren hat, wenn er entsprechend laut und energisch aufgetreten ist, meinte auch weiterhin, nur so wahrgenommen werden zu können. Heute kommt er immer wieder in die Situation, bei Überforderung und Stress in Rage zu geraten, sich wie ein kleines zorniges Kind zu verhalten, um sich vermeintlich gegen sein Umfeld behaupten und durchsetzen zu können. Konflikte mit Kollegen und dem Chef sind unvermeidlich. Sein Verhalten ist nicht lösungsorientiert für die heutige Situation als erwachsener Mensch im Berufsleben.

Susi wiederum war das kleine süße Mädchen. Mit Charme und Unbeschwertheit hat sie alle erfreut und für sich gewonnen. Es wurde ihr gerne geholfen, sie schien für Erwachsene hilflos. Heute ist sie erwachsen, aber ihre Taktik ist die gleiche geblieben und beruht letztendlich darauf, Dinge, die ihr unangenehm sind, zu delegieren oder auszublenden. Verantwortung zu übernehmen hat sie nie gelernt.

Hier kommt ihre Kollegin **Lola** ins Spiel. Sie liebt es, Verantwortung zu übernehmen, ist organisiert und kümmert sich um alle und alles. Andere können sich voll auf sie verlassen. Dadurch neigt sie zu Stress und fühlt sich fälschlicherweise für alles verantwortlich. Als Kind wurde sie genau dafür gelobt und wahrgenommen. Einfach nichts zu tun, das Leben zu genießen und die Seele baumeln zu lassen war nicht gefragt.

Und da kommt noch **Günther**, IT-Profi und äußerlich eher ruhig. In seiner Kindheit konnte er punkten, wenn er brav und artig spielte, ohne die Erwachsenen zu stören. Er war genügsam, beschwerte sich selten und ließ vieles über sich ergehen. Aber wenn er wütend wurde, dann richtig – selten, aber doch. Dann brachte die kleinste Kleinigkeit das Fass zum Überlaufen.

➔ *Überlege dir, mit wem du dich am meisten identifizieren kannst.*
Wie hast du dich als Kind verhalten, um Aufmerksamkeit und Anerkennung zu
bekommen? Gibt es Muster, die du heute auch noch von dir kennst?

Unsere größten und schärfsten Kritiker sind wir selbst – und wenn wir uns schon selbst nicht wertschätzen, warum sollten es dann die anderen tun?

 Wenn dir die eine oder andere Aussage bekannt vorkommt oder dir eine eigene einfällt, schreibe sie gleich in dein Buch! Wir werden sie später noch brauchen.

Als Erwachsene haben wir vergessen, dass wir viel dazugelernt haben, viele neue Strategiemöglichkeiten entwickelt haben – vieles davon auch unbewusst. Wir haben einen riesigen Koffer an Ressourcen und Stärken zur Verfügung, wir sind uns dessen gar nicht bewusst und nutzen kaum all diese Möglichkeiten. Denn unsere innere Stimme, die wir als Kinder installiert haben, um uns selbst zu schützen, ist unser treuer und hartnäckiger Begleiter.

Wir haben diese Stimme nie hinterfragt, ihr nie erklärt, dass wir diese Schutzmechanismen bzw. wenig hilfreichen Verhaltensweisen vielleicht gar nicht mehr brauchen. Dass wir gelernt haben, uns den ändernden Bedingungen immer wieder anzupassen, um all unsere Ressourcen optimal nutzen zu können. Nicht nur um zu funktionieren, sondern auch um unsere Ziele zu erreichen können. Denn es ist entscheidend, eine Vorstellung davon zu haben, wohin man will, und in seinem Tun auch einen Sinn zu sehen. Auf die Ziele werden wir später noch sehr genau eingehen.

Reset your Life PLUS – und das regelmäßig

Es ist doch eigentlich skurril: Wir kümmern uns darum, unsere Wohnung sauber zu halten, entfernen den Staub und werfen weg, was wir nicht mehr brauchen. Wir misten alte Kleidung aus und achten darauf, dem Wetter und der Mode gemäß gut angezogen zu sein. Im Außen funktioniert das ganz gut, aber an unserem alten, verstaubten inneren Zustand und unseren Verhaltensmustern halten wir eisern fest. Wir haben sie einstudiert und verinnerlicht, ungeachtet all der Fortschritte, die wir im Lauf unseres Lebens gemacht haben, mit der Vielfalt an erworbenen Fähigkeiten und Stärken.

Wir möchten dir Mut machen, deine Verhaltensmuster zu hinterfragen. Wie sind sie entstanden? Warum hältst du so eisern daran fest? Unsere Glaubenssätze, unsere Beliefs, haben eine sehr starke Wirkung auf unser Verhalten und Empfinden. Wir werden diesem Thema hier entsprechend Platz geben. Unter »Reset your Life PLUS« verstehen wir den Veränderungsprozess hin zu einem erfüllten Leben. Was ist alles an verstaubten Lebensweisheiten und Strategien auf unserer Festplatte? Was hindert und lähmt uns, Neues zuzulassen? Welchen Sinn geben wir dem Hier & Jetzt und welche Ziele haben wir vor Augen? Welche Fähigkeiten und Ressourcen stehen uns zur Verfügung, wie können wir sie optimal einsetzen? Das PLUS steht für die Optimierung unseres Lebens – im Sinne von Zufriedenheit und Glück. Die gute Nachricht zum Schluss: Du hast es in der Hand!

Dein Dreamteam: der Verstand, das Bauchgefühl und dein Körper

Das gute Zusammenspiel zwischen Verstand, Bauchgefühl und Körper ist ausschlaggebend für ein erfülltes, glückliches und selbstbestimmtes Leben. In der Wissenschaft bezeichnet man das Wechselspiel aus körperlichem und psychischem Geschehen als »Embodiment«. Es gibt eine Reihe von Studien, wie sich die Körperhaltung beispielsweise auf die Reaktion auf Lob auswirkt. Personen, die in aufrechter Haltung Lob entgegengenommen haben, empfanden mehr Stolz dabei als die Personen, die das Lob in gekrümmter Haltung bekommen haben (vgl. Stepper, 1992).

Eine interessante Studie des amerikanischen Anthropologen und Psychologen Paul Ekman (2004) bestätigt, dass Personen, bei denen man jene Muskelgruppe aktiviert, die für das Lachen zuständig ist, nach einiger Zeit in eine bessere Stimmungslage kommen. Man nimmt an, dass das Gehirn durch einen Rückmeldeprozess diese Veränderung der Muskulatur wahrnimmt und dann im Nachhinein die passende Emotion erzeugt (Storch, 2010). Das heißt: Besser einmal zu viel lachen als zu wenig.

➔ *Wenn du also selbstbewusst auftreten, deine Präsentation bestmöglich machen möchtest, dann arbeite auch mit deiner Körperhaltung! Nutze dieses Potenzial – erarbeite dir eine Körperhaltung, die dich bei der Zielerreichung unterstützt. Du kannst für dich selbst ausprobieren, wie es sich anfühlt, eine gerade, aufrechte Haltung anzunehmen: Schultern nach hinten, Atmung kontrollieren, den Kopf nicht senken, sondern bewusst gerade halten. Körperhaltung ist auch unter Stress sehr gut zu kontrollieren und anzupassen. Du hast damit ein Werkzeug, das du immer dabeihast und einsetzen kannst. Erinnere dich auch an Situationen, in denen du dich stark und selbstbewusst gefühlt hast. Wie war deine Haltung, was hast du zu dir gesagt? Nimm dir ein bisschen Zeit dafür und mache dir Notizen.*

Du bist dein größter Feind oder dein bester Freund – die Entscheidung liegt bei dir

Was wäre die Welt ohne mich und meine Power? Es würde wirklich etwas fehlen! Und wie Nelson Mandela in seiner Antrittsrede als südafrikanischer Präsident im Mai 1994 schon gesagt hat: »Am meisten fürchten wir uns vor unserem eigenen Licht.«

➔ *Behandle dich selbst stets so, wie du deine beste Freundin, deinen besten Freund behandeln würdest. Was würde sie/er über dich und deine Stärken erzählen? Was zeichnet dich aus, was macht dich so wertvoll? Da fällt dir sicher etwas ein! Mach dir Notizen in dein Buch.*

Du stellst dir vielleicht immer wieder die Frage, wo der Sinn für dein Leben wirklich liegt, und welchen Sinn du in deinen verschiedenen Lebensrollen siehst. Lass uns gemeinsam auf diese deine Reise gehen. Für unsere interne Festplatte sind wir selbst verantwortlich und nur wir selbst können sie neu programmieren. Ist das nicht herrlich? Unser Glück, unsere Zufriedenheit sind nicht von irgendjemandem oder irgendetwas abhängig. Es sind vorrangig wir, die die Richtung vorgeben und unsere Ziele setzen.

Wir sehen uns als externe Helfer, die dir zeigen werden, wo du hinschauen kannst, wo versteckte hinderliche Programme schlummern und wie du einfach und effizient deine innere Festplatte programmieren kannst, um eigenverantwortlich glücklich leben zu können. Und wie du deine Ressourcen aktivieren kannst, um deine Wünsche und Ziele nachhaltig verfolgen zu können. Denn jeder hat alles in sich und sollte mit Freude zur Schatzsuche nach den unendlichen Möglichkeiten aufbrechen.

Wir wollen dich dabei begleiten, deine Bedürfnisse und Motive zu erkennen, Ziele zu formulieren sowie deine eigenen Fähigkeiten und Stärken zu erkennen und zu nutzen. Werde dir deiner Einzigartigkeit bewusst und lass in dein Leben die Wertschätzung Einzug halten für dich und deine Entscheidungen.

Wichtig dabei ist, immer im Dialog mit deinem Team zu sein: dem Verstand, dem Bauchgefühl und dem Körper. Wir werden dir Ideen und Vorschläge geben, wie du dir dein Leben schöner und zufriedener gestalten kannst.

Bauchgefühl und Verstand einmal näher betrachtet

Bauchgefühl und Verstand können gemeinsam Wunderbares bewirken. Ersteres steht für unser emotionales Gehirn, unser Gefühlszentrum. Der Verstand steht für unsere Logik.

Das emotionale Gehirn ist das Urgehirn (oder auch limbisches System). Es reagiert entweder mit Flucht oder Kampf als Reaktion auf Stress. Die Logik (Neokortex) und das limbische System bekommen gleichzeitig die Information von außen. Das limbische System reagiert aber schneller. Du wirst das kennen: Das Gefühl ist meist schneller da als der Gedanke. Oft verdrängen wir auch dieses Gefühl und warten, bis der »logische Gedanke« kommt. Emotionen (Gefühle) haben keinen Bezug zur Gegenwart. Wenn du in einer bestimmten Situation ein schlechtes Gefühl hast, obwohl es logisch betrachtet gar keinen Grund dafür gibt, ist das meist ein Anzeichen für ein altes Gefühl, das sich in dein Unterbewusstsein eingenistet hat.

EIN BEISPIEL DAZU

Du musst eine kurze Ansprache halten. Dein Publikum ist dir gut gesinnt, freut sich auf deine Ausführungen, aber trotzdem hast du das Gefühl, gleich vor lauter Angst sterben zu müssen. Woher kann das kommen? Welche Erfahrungen hast du gemacht? Vielleicht hast du sie schon vor langer Zeit gemacht und kannst dich bewusst gar nicht mehr daran erinnern. Es könnte beispielsweise sein, dass du einmal als Schüler ein Referat gehalten hast, und alle haben dich ausgelacht. Dieses Gefühl hat sich bei dir eingeprägt und warnt dich jetzt. Es ist dein Helfer und will dir nur sagen: »Achtung: Gefahr!«

Solche Gefühle sind im emotionalen Gehirn unauslöschlich gespeichert. Die Bewertung kann aber geändert werden. Bestenfalls durch viele positive Erlebnisse sowie eine positive Einstellung gegenüber den Dingen. Das Unterbewusstsein kann nicht unterscheiden, ob wir Dinge wirklich erlebt haben oder sie sich nur in unserer Vorstellung abgespielt haben. Die Macht der Gedanken ist groß. Allein die Tatsache, wie wir uns Situationen vorstellen, beeinflusst unser Wohlbefinden. Auch das berühmte Glas, das entweder halbvoll oder eben halbleer ist, zeigt unsere Grundeinstellung. Erinnere dich an die Geschichte mit dem Elefanten zurück. Schon die Überzeugung, dass er sich nicht befreien kann, hemmt ihn daran, einfach nur loszugehen.

 Wenn du zu den Menschen gehörst, die in Stresssituationen immer daran denken, was alles Schlimmes passieren kann, dann nütze die Macht der Gedanken. Hole dir bewusst Bilder und Erinnerungen von Erfolgen und gut überstandenen Herausforderungen zurück. Fang das Gefühl von damals ein.

Negative Erlebnisse können weiterhin noch unser Verhalten beeinflussen, wie die oben geschilderte Erfahrung aus der Kindheit erklären soll. Rein logisch betrachtet, hätten wir nichts zu befürchten, aber das emotionale Gehirn ist darauf programmiert worden, uns vor ähnlichen Situationen zu warnen, um uns vor unangenehmen Folgen zu schützen. Deshalb müssen wir das Unterbewusstsein davon überzeugen, in diesem Fall heute ohne Angst zu agieren. Und das ist möglich!

Der erste Schritt muss es sein, sich der Hintergründe für unser Verhalten bewusst zu machen. Das Gefühl darf nicht verdrängt werden, sondern wir müssen es annehmen, steht doch die positive Absicht dahinter, uns vor Unheil zu warnen. Entscheidend ist zu reflektieren, ob es für uns als erwachsene Person wirklich noch eine Bedrohung darstellt oder ob wir schon längst Strategien und Fähigkeiten dagegen entwickelt haben.

Das limbische System speichert ab, was dem psychobiologischen Wohlbefinden dienlich war und was nicht. Der Haken daran ist, dass dieses Wissen nicht gänzlich bewusst verfügbar ist. Es kommt also vor, dass wir bewusste Ziele und Motive verfolgen, aber durch ein unbewusst hinderliches Motiv nicht in der Lage sind, das Ziel umzusetzen. Wenn man also fest daran arbeitet, sich abzugrenzen und zu lernen, Nein zu sagen, sich aber unbewusst sehr stark vom Bedürfnis nach Geborgenheit angetrieben fühlt, dann kommt es zu einem Motivkonflikt. Doch Bedürfnisse sind die unbewusst vorhandenen Wünsche, die man noch nicht in Worte fassen kann. Zum Motiv werden sie erst, wenn wir sie bewusst zur Kenntnis nehmen, sie ansprechen und kommunizieren können. Es geht also darum, uns das Unbewusste bewusst zu machen. Erst dann können wir einen Wunsch identifizieren. Dieses Synchronisieren von unbewussten und bewussten Inhalten wird in der Motivations- und Persönlichkeitspsychologie weitgehend als wesentlicher Faktor für psychische Gesundheit und für erfolgreiches Handeln gesehen.

Wie werden nun neue Informationen aufgenommen und verarbeitet? Wir unterscheiden zwischen Verstand und (Bauch-) Gefühl, also Unbewusstem, zwischen bewusster und unbewusster Informationsverarbeitung. Wir lehnen uns an das Zürcher Ressourcen Modell (ZRM®) an und verwenden die Begriffe »Verstand« und »Unbewusstes«. Verstand und Unbewusstes arbeiten sehr unterschiedlich. Sie bewerten auch nach unterschiedlichen Kriterien. Ein Klassiker hier sind die guten Vorsätze. Viele Klienten arbeiten lange an der Umsetzung der verschiedensten Vorsätze, aber sie wollen nicht recht gelingen. Oftmals liegt der Grund dafür darin, dass die Bewertung des Verstandes nicht mit der Bewertung des Unbewussten übereinstimmt. Denken wir an unsere eigenen Vorsätze: Welche wollen seit Jahren nicht gelingen?

Das heißt in weiterer Konsequenz, dass zwei Systeme an der Bewertung von Absichten und an der Handlungssteuerung beteiligt sind. Wir wollen im weiteren Verlauf mit dir gemeinsam erarbeiten, wie wir diese beiden Teile dazu bringen können, besser zusammenzuarbeiten, sodass sie zu einem Team werden können. Wesentlich dabei ist, dass der Verstand über Sprache erreichbar wird, das Unbewusste wiederum über Bilder.

Doch eines vorweg: Unser Gehirn ist zeitlebens lernfähig. Beruhigend, oder? Du kannst es sogar neu programmieren. Schlechte Erfahrungen und Defizite können quasi gelöscht und neu geschrieben werden. So kann Ausgleich entstehen. Erwachsene sind fähig, sich positiv zu adjustieren und eine stabile Selbstkompetenz zu entwickeln. Es ist wie in einem Orchester: Das Zusammenspiel ist wichtig. Wissenschaftler bestätigen, dass Bilder und Vorstellungen das Gehirn nahezu im gleichen Maß beeinflussen wie die Ereignisse selbst.

Du bist selbst dein bester Coach

Unser Ziel ist, dir dabei zu helfen, dir selbst zu helfen. Das, was wir hier ausführen, soll als Katalysator dafür dienen, diesen deinen Entwicklungsprozess zu beschleunigen – eben wie ein Katalysator in chemischen Prozessen. Unseren Fokus legen wir hier auf das Gefühl und nicht so sehr auf das Denken, auf Sein und nicht auf Haben, auf das Hier und Jetzt und nicht auf Vergangenes. Wir möchten dir helfen, deinen Schatz zu heben, Tipps zu geben, wo du graben sollst – aber den Schatz selbst hebst nur du, er gehört dir allein.

Dein eigenes (Dreh-) Buch

Die wissenschaftlichen Interessen führen heute eher weg von der Pathogenese (Entstehung und Entwicklung einer Krankheit) zur Salutogenese (Wissenschaft von der Entstehung und Erhaltung von Gesundheit). Das heißt, die Wissenschaft befasst sich heute mehr und mehr mit den Ursachen von Gesundheit und nicht mehr nur mit der Krankheit. Es stehen also nicht mehr die Defizite im Hauptaugenmerk, sondern der Fokus liegt nun auf Ressourcen. Also legen wir los, viel Spaß beim Entdecken der eigenen Fähigkeiten und der eigenen Einzigartigkeit.

➔ *Sei zu dir selbst, deinen Gedanken, Wünschen und Träumen gegenüber bewusst wertschätzend! Liste in deinem Büchlein mindestens zehn Dinge auf, die du an dir magst und schätzt, was dich einzigartig macht. Schreibe also: »Ich schätze ... an mir.«*

Du kannst dir deine positiven Eigenschaften auch wie einen Blumengarten vorstellen: Wie sieht er aus? Ist er bunt und vielfältig? Ist er wild oder gepflegt? Wurde dein Garten der Vielfalt und der Schönheit vernachlässigt? Wie oft bist du in deinem Garten und genießt es, dich darin umzusehen und dich daran zu freuen?

➔ *Sollten dir zu wenige Punkte einfallen, frag einen Freund oder eine Freundin – es ist kurios, aber meist wissen sie dich mehr zu schätzen als du dich selbst.*

Kapitel 2
So schaut's aus!
Mach klar Schiff

So schaut's aus! Mach klar Schiff

Wir sind verantwortlich für das, was wir tun,
aber auch für das, was wir nicht tun.
Voltaire, Philosoph und Schriftsteller (1694–1778)

Mach klar Schiff« – leicht gesagt, wenn man nicht weiß, wo man anfangen soll, oder? Kennst du Gedanken wie: »Mir wächst alles über den Kopf.« – »Mein Leben ist eine einzige Katastrophe« – »Ich fühle mich so gelähmt, dass ich gar nicht anfangen kann, etwas zu tun.« … Sie alle erzeugen noch mehr Druck, den jeder von uns auf seine ganz eigene Art und Weise entlädt. Die einen erstarren und schließen die Augen, andere lenken sich gekonnt ab – sei es durch Sport, Alkohol oder andere Vergnügungen. Viele stürzen sich planlos ins Tun und überfordern sich letztendlich. Und was passiert? Es ändert sich meist gar nichts. Druck, Angst, Verzweiflung, das sind wahrlich keine guten Motive für Veränderung. Vor allem dann nicht, wenn kein Ziel vor Augen ist. Zu oft versuchen wir, davonzulaufen anstatt auf das Problem zu schauen. Wir brauchen einen Sinn, um langfristig erfolgreich und erfüllt zu leben.

Was kann ich ändern? Und was nicht?

In diesem Kapitel werden wir uns mit der Frage auseinandersetzten, was jeder für sich ändern kann und was nicht. Denn wenn wir unsere Energie an Situationen vergeuden, die wir nicht ändern können, wie beispielsweise die Sorgen um den Konkurs der Firma, in der wir angestellt sind, so ist der Aufwand in den Kamin geschrieben.

Vielmehr empfehlen wir, mit vergangenen Ereignissen, abzuschließen, indem man sie annimmt, wie sie sind, und die daraus gewonnenen Ressourcen zu würdigen. Sieh im Hier und Jetzt nach vorn! Und ganz ehrlich: Auch wenn du viele Dinge erlebt und erduldet hast, die nicht schön waren, haben sie doch dazu geführt, dass du einzigartig und unverwechselbar geworden bist – mit all deinen Fähigkeiten und Ressourcen. Vielleicht musstest du immer zurückstecken, dann hast du sicherlich die Fähigkeit der Anpassung erworben, oder du musstest dich immer gegen die anderen wehren, dann hast du eine besonders ausgeprägte Fähigkeit, dich durchzusetzen. Die Beispiele ließen sich beliebig fortsetzen.

Deine Emotionen

Die Analyse des Ist-Zustandes soll dir – ohne etwas schönfärben zu wollen – vor Augen halten, was du alles geschafft hast, welche Ressourcen und Fähigkeiten dir zu Verfügung stehen, was schon in dir steckt.

Negative Emotionen, wie Wut, Ekel, Hass oder Angst nehmen uns Energie weg, die wir für die Lösung von Problemen, für die Umsetzung von Handlungen, für Veränderungen benötigen. Wir sind in diesem Fall entweder auf Flucht oder Kampf programmiert. Wir greifen an, drohen aus Wut, wir laufen aus Angst weg, verkriechen uns aus Scham. Negative Gefühle und der sie begleitende Stress bringen uns körperlich und seelisch aus der Balance.

Die positiven Emotionen, wie Freude, Zufriedenheit, Dankbarkeit und Liebe wiederum erweitern das Spektrum unserer Denk- und Handlungsalternativen. Diese Energie wirkt präventiv und heilsam. Positive Gefühle machen uns offener, zugänglicher, sie wirken heilsam und haben einen positiven Langzeitnutzen. Das liegt daran, dass sie uns integrativer machen. Positive Gefühle erweitern unseren Wahrnehmungshorizont und lösen nur im Gegensatz zu negativen Gefühle nicht bloß ein momentanes Problem, sondern generieren eine Reihe von Vorteilen. Positive Gefühle haben einen vierfachen Langzeitnutzen:

▶ Sie unterstützen uns, soziale Beziehungen aufzubauen, sie zu pflegen und auch in Krisenzeiten zu nutzen (siehe Kapitel Resilienz).

▶ Sie motivieren uns beim Lernen und fördern unsere Kreativität.

▶ Sie unterstützen die körperliche Gesundheit, und helfen uns, Stress zu mildern oder sogar zu vermeiden, weil wir die erlebten Situationen ganz anders bewerten.

▶ Sie fördern Vertrauen in die gesteckten Ziele.

Positive Emotionen helfen, lebenswichtige Ressourcen aufzubauen, auf die wir immer wieder zurückgreifen können. So können wir darauf vertrauen, Situationen und Herausforderungen gewachsen zu sein. Positive Emotionen machen uns bewusst, Netzwerke und Unterstützung zu haben, und wir wissen schließlich um die eigenen Stärken und Fähigkeiten.

 Was sind deine größten Erfolgserlebnisse? Was hast du bereits alles erreicht?

Warum Standortbestimmung?

Wenn wir das Gefühl haben, in einem Hamsterrad zu sein und nicht zu wissen, wo wir bei einer Veränderung anfangen sollen, ist es hilfreich, eine persönliche Standortbestimmung vorzunehmen. Sehen wir den Tatsachen einmal richtig ins Auge: Gefühle und Ängste sind meistens viel intensiver, als es die Realität je sein könnte. Wenn du dich der Realität und deinen Ängsten stellst, wirst du merken, dass alles leichter, einfacher und übersichtlicher wird. Das bedeutet: Wenn du Angst hast und dir Sorgen machst, dann versuche doch, den »worst case« durch zu denken.

EIN BEISPIEL AUS UNSERER PRAXIS

Eine Teilnehmerin berichtete in einem unserer Seminare von ihrer großen **Angst vor der Arbeitslosigkeit.** Diese Angst wirkte sich tatsächlich auf ihren körperlichen Zustand aus. Sie war nervös, litt unter Schlafstörungen, war deprimiert und unglücklich. Wir spielten mit ihr den »worst case« durch. Das schlimmste, was ihrer Meinung nach passieren konnte, wäre in ihren Augen, unter der Brücke zu landen. Dieses Bild verdeutlichte ihr Gefühl, das mit der Angst einherging.

So weit so gut. Nun erarbeiteten wir mit der Klientin, was sie alles tun könnte, damit dieses schreckliche Endbild niemals eintreten würde. Natürlich konnte es sein, dass sie den Job verliert und lange Zeit keine neue Anstellung findet. Die Klientin kam aber selber zu dem Schluss, dass sie im »worst case« immer noch in die Gastronomie als Kellnerin gehen oder in einem Supermarkt an der Kasse eine Beschäftigung finden konnte. Das entsprach nicht ihrer Wunschvorstellung und auch nicht ihrem Ausbildungs- und Erfahrungsstand. Aber sie war nun sicher, dass sie niemals unter der Brücke landen würde. **Das Gefühl der Angst wurde so kleiner.**

In diesem Fall ging es nicht darum, Dinge schönzureden, sondern die Angst in die Realität zu holen, sie mit realistischen Bildern greifbar zu machen. In unserer Vorstellung ist das Gefühl immer viel größer, viel mächtiger, es lähmt uns. Stellen wir uns diesen Emotionen, werden sie kleiner, weniger bedrohlich und die Probleme lösbar.

Probiere es aus! Du wirst sehen, das Monster Angst ist oft nicht so groß, wie wir vermuten. Angst ist prinzipiell etwas Nützliches, es warnt uns, es sagt uns »Achtung, mögliche Falle!«. In diesem Fall gilt das Sprichwort »Bellende Hunde beißen nicht!« Es ist deine Entscheidung, wie du mit der Angst umgehst.

Also zurück zu unserem Thema Standortbestimmung. Sie ist eine gute Möglichkeit, einmal darauf zu schauen, wo wir stehen. Dafür werden wir uns im ersten Schritt einen Überblick machen, was bisher Gutes und Schlechtes in unserem Leben passiert ist – dies dient dazu, ein objektives Bild unseres Lebens aufzuzeigen. Vorab sei gesagt: Dass du heute die Person bist, die du bist – und das ist wunderbar –, ist aufgrund all jener positiven und negativen Dinge geschehen, die du erlebt hast. Das alles gilt es zu würdigen, sich zu bedanken, aber sich auch von manchen Dingen zu verabschieden. Wir können die Vergangenheit nicht rückgängig machen. Aber wir können uns die daraus gewonnenen Erkenntnisse mitnehmen und zukünftig nutzen.

Die Lebenslinie

Diese Übung hilft dir, Ereignisse, Erfahrungen und Lebensabschnitte abzubilden, die dich bisher entscheidend geprägt haben.

Wir erinnern uns vor allem an jene Ereignisse, die wir als besonders emotional empfunden haben – ob negativ oder positiv. Wir erinnern uns beispielsweise an einen besonderen Kindergeburtstag, an eine erworbene Medaille, aber auch an die Trennung von Lebenspartnern oder den Tod eines Verwandten. Oft geraten derartige sehr einprägsamen Ereignisse wieder in Vergessenheit, obwohl sie die eigene Identität bestimmen. Die Beschäftigung mit der eigenen Lebenslinie kann dir einen guten Überblick darüber geben, welche Situationen, Erfahrungen und Ereignisse von besonderer Bedeutung waren. Du erkennst, welche Höhen und Tiefen Einfluss auf dein Leben, deine Persönlichkeit hatten. Du wirst sehen, dass dein Leben auch von vielen Erfolgen geprägt war und dass du auch in Zeiten der Krise auf bestimmte Ressourcen zurückgreifen konntest. Die Lebenslinie gibt auch Klarheit über bestimmte Lebensmuster und hilft, diese zu reflektieren und mit der Vergangenheit abzuschließen.

ÜBUNG

▶ **Schritt 1:** *Bitte, nimm dir dein Buch zur Hand und ziehe eine waagrechte Linie. Diese Linie stellt deinen Lebensweg von der Geburt bis zum heutigen Tag plus zehn weitere Jahre dar. Das Jetzt wird mit einem X gekennzeichnet. Dann bringe eine Skala an: Nach oben für alle positiven, nach unten für alle negativen Ereignisse.*

▶ **Schritt 2:** *Gehe dein Leben in Gedanken durch und zeichne zeitlich chronologisch jene Ereignisse in deinem Leben ein, die für dich relevant waren, die dich geprägt haben. Je weiter die einzelnen Punkte von der Lebenslinie entfernt sind, desto prägender waren sie für dich – in positiver, wie auch in negativer Weise. Zwischen den Schlüsselerlebnissen lass bitte ausreichend Platz frei. Für die Zukunft wage ruhig eine herausfordernde, aber realistische Prognose. Was wirst du in den nächsten zehn Jahren erreichen?*

Nun überlege dir für jeden einzelnen Abschnitt:

► *Was waren die größten Herausforderungen?*

► *Welche Ressourcen standen dir extern zur Verfügung? Welches Netzwerk?*

► *Welche eigenen Ressourcen haben dir in dieser Situation geholfen?*

► *Was haben die Ereignisse damals für dich bedeutet, wie sieh das heute aus? Lässt sich anhand der Lebenslinie eine bestimmte Logik oder Tendenz erkennen?*

► *Worauf bist du stolz?*

Wir haben nun in einem ersten Schritt dein Leben analysiert und vielleicht konntest du neue Ressourcen entdecken, Tendenzen herausfinden, Klarheit bekommen. Was war gut, was war schlecht? Was kann ich ohne Reue hinter mir lassen? Was kann ich ändern? Was kann ich nicht ändern?

Wenn du dich bei der Beantwortung einer dieser Fragen schwertust, ist das ein Zeichen, dass etwas noch nicht aufgearbeitet ist. Wenn du mit Selbstreflexion oder eventuell in Gesprächen mit Vertrauten nicht weiterkommst, raten wir dir, einen Coach deines Vertrauens aufzusuchen, der dir professionell helfen kann.

Wo stehst du heute? Nimm deine Zukunft selbst in die Hand

Du hast dir nun bewusst gemacht, welche Positionen auf der positiven Seite der Lebenslinie stehen. In einem zweiten Schritt wollen wir nun näher auf deine aktuelle Lebenssituation eingehen.

Mach dir Gedanken über dein Leben und deine Lebenssituation! Das Lebensrad – ein buddhistisches Symbol, das die Grundlage zur Meditation bildet – ist eine Möglichkeit festzustellen, wo du dich auf deiner Reise gerade befindest. Es ermöglicht eine Visualisierung der Realität, eine persönliche Standortbestimmung hinsichtlich der wichtigsten Lebensfelder. Eine solche Analyse soll dir dabei helfen, im nächsten Schritt die Lösungen für deine Probleme zu finden.

Dabei steht die Klärung der Frage im Vordergrund, welche Lebensbereiche dir im Augenblick am wichtigsten sind und in welchen es gerade nicht so rund läuft. Bei niemandem ist das Lebensrad rund – das sei vorweggenommen. Hier geht es darum, den Ist-Zustand festzustellen und dann darauf zu schauen, wie du dein Lebensrad optimieren kannst.

Wie schon zuvor erwähnt, ist oft das Gefühl von Chaos, Veränderung und Krise so stark und beeinflusst uns so negativ, dass wir nicht fähig sind, irgendwelche Schritte zu setzen. Oft gibt es auch eine Kluft zwischen Vorsatz und Umsetzung, die uns lähmt. Wird sie zu groß, wirkt sie sich negativ auf unseren körperlichen und seelischen Zustand aus: Wir sind gestresst, schlafen schlecht, sind gereizt, antriebslos, unser Selbstwert sinkt. Allerdings ist für die Umsetzung der Vorsätze die Zustimmung des Unterbewusstseins unbedingt notwendig. Auf diesen Aspekt und seine Problematik kommen wir später noch ausführlich zu sprechen.

Was man aber in einem ersten Schritt tun kann ist, sich die Wahrheit einzugestehen und vom Zwang zu befreien, den Schein aufrecht erhalten zu müssen: »Passt eh alles.« – »Gar nicht so schlimm.« – »Ich schaffe das schon irgendwie.« Denn wenn du erkennst, was ist und wer du bist, dann erst kann Veränderung geschehen.

Erstelle dein persönliches Lebensrad

1. *Bitte, wähle die für dich wichtigsten Lebensfelder aus. Es sollten mindestens sechs, nicht mehr als zehn sein. Lass dich von deiner Intuition leiten. Die Aufzählungen bieten dir eine Auswahl, wenn du eine andere Formulierung oder Kombination für dich auswählst, ist das natürlich auch in Ordnung. Wichtig ist bei dieser Übung nur, dass du die Bereiche wählst, die tatsächlich für dich im Fokus stehen, egal ob du sie genügend lebst oder nicht. Nimm dir dafür Zeit!*

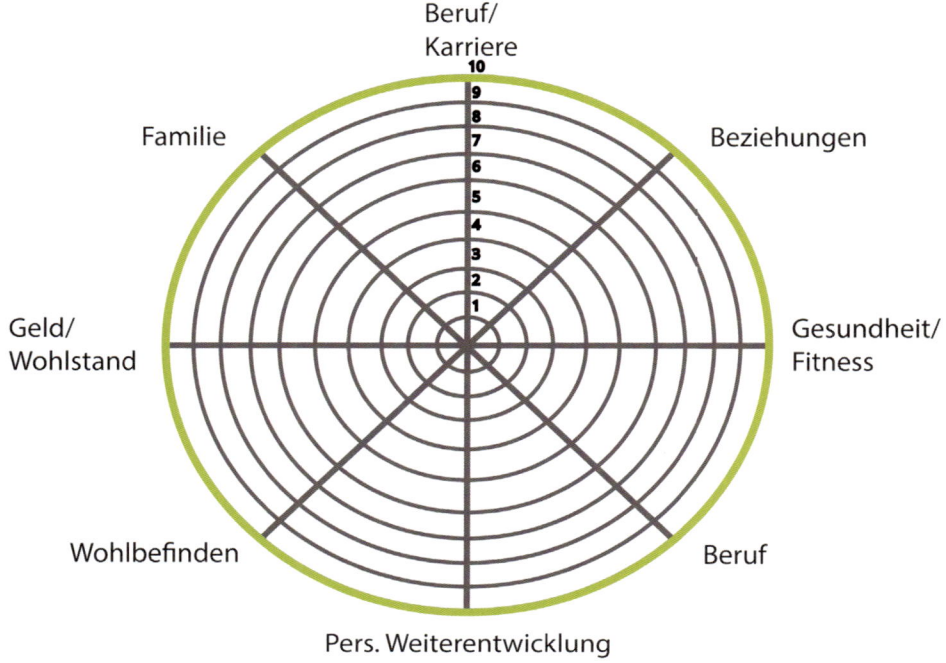

2. *Zeichne ein Lebensrad*

3. *Für jedes Segment gibt es zehn Stufen: Null in der Mitte des Rades steht für »gar nicht« und zehn am oberen Ende steht für »besser geht's nicht«. Dazwischen markiere die Werte von null bis zehn auf der Skala.*

4. *Versetze dich in die momentane Lebenssituation und entscheide, wie befriedigend dieses Segment im Moment für dich empfunden wird. Fülle die Segmente vom Mittelpunkt bis zum Rand aus, die in deinem Leben zu hundert Prozent erfüllt sind. Bei 50 Prozent male nur noch die Hälfte des Segments aus, also bis zur Ziffer fünf oder sechs. Ist der Bereich noch weniger ausgefüllt, rücke entsprechend näher zum Mittelpunkt. Dann verbinde die einzelnen Segmente miteinander.*

Zur Auswahl stehen unter anderen:

Familie	Freude
Beziehungen	Freizeit
Beruf und Karriere	Persönliches/geistiges Wachstum
Gesundheit/Fitness	Sinnhaftigkeit
Persönliche Weiterentwicklung	Beziehungen
Spiritualität	Lebenspartner
Wohlergehen	Freunde
Kreativität/Selbstverwirklichung	Sport
Geld/Wohlstand	Erholung
Spiritualität	Mentale Gesundheit
Wohlergehen	Glück
Zu Hause	Ernährung
Liebe	

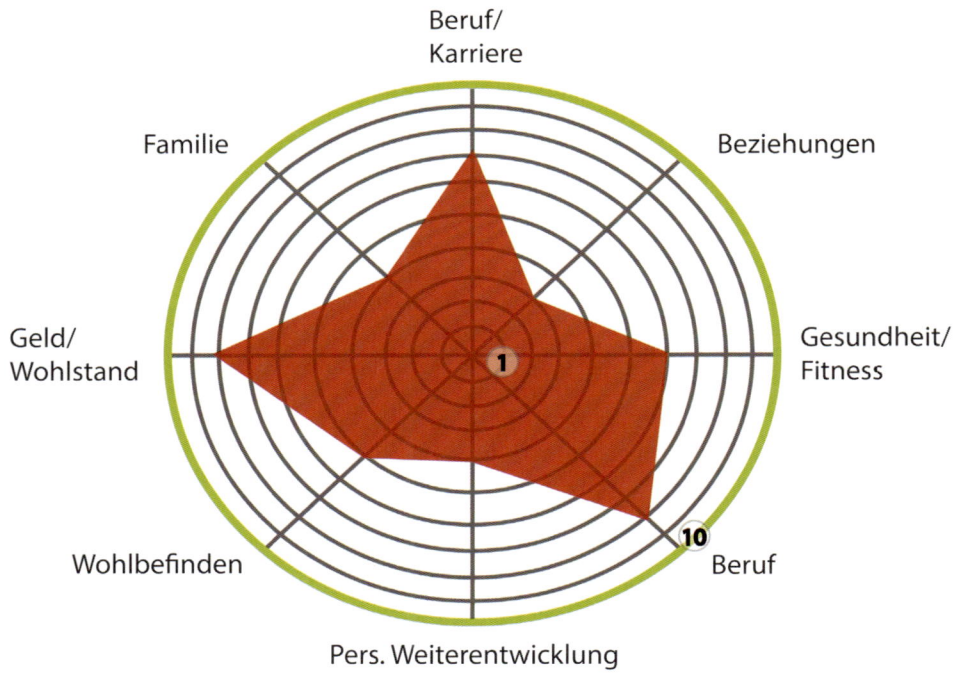

5. *Was sind nun deine Erkenntnisse? Lass dein Lebensrad auf dich wirken. Wie fühlt es sich an? Die Größe des gesamten Radius sagt dir etwas über deine generelle Lebensqualität aus. Wie beurteilst du sie? An den Beulen kannst du erkennen, wir rund bzw. unrund dein Leben läuft. Stell dir vor, dies wäre wirklich das Vorderrad deines Fahrrads – wie ließe sich damit fahren?*

→ *Die Wahrheit tut zwar manchmal weh, bringt aber Klarheit und Übersicht! Nimm dein Buch zur Hand und notiere deine Gedanken und Überlegungen. Oft ist es befreiend, einmal reinen Tisch zu machen, denn dann kann man etwas verändern.*

6. Nach dieser Übung wenden wir uns nun den wesentlichen Fragen zu:

▸ *Was will ich wirklich? Wohin soll es gehen?*

▸ *Was sind meine Bedürfnisse? Welche lebe ich und welche nicht?*

▸ *Was sind meine Prioritäten im Leben?*

▸ *Welche Lebensrollen lebe ich? Welche möchte ich stärker leben?*

Höre auf deine innere Stimme – oft ist doch der Alltag so laut geworden, dass du sie nicht hören kannst. Aber sie ist da! Bleib stehen, stelle die richtige Frage und lass dir Antworten schenken. Vielleicht bei einem Spaziergang, während du deine Lieblingsmusik hörst oder an einem für dich wichtigen Platz in der Natur – lass deinen Gedanken freien Lauf. Finde persönliche Rituale bzw. Orte und Situationen, wo du deine innere Stimme am besten hören kannst. Mach dir Notizen, wann immer sie sich meldet.

Wir stellen dir eine Entspannungsübung, die Fantasiereise »Mein Kraftplatz«, zur Verfügung, die du auf unserer Website (www.resetyourselfplus.at/buch) herunterladen kannst.

Was ist an Ressourcen und Stärken da?

Wir haben nun die Lebensbereiche definiert, die dir wichtig sind, und haben einen Ist-Zustand definiert, wie es um diese Lebensbereiche steht. Was können wir nun tun, um das Rad rund zu machen, um jene Sektoren zu stärken, die zu wenig ausgeprägt sind? Müssen wir in anderen Bereichen zurückstecken?

Tatsächlich geht es darum nachzusehen, welche Ressourcen, Fähigkeiten, Stärken vorhanden sind, ganz gleich ob sie gelebt, versteckt oder gemieden werden. Denn genau diese brauchst du, um die Dinge so zu ändern, wie du es für richtig hältst.

Oft wissen wir gar nicht mehr, was wir alles können und wozu wir fähig sind, denn es schlummern Eigenschaften in uns, die wir aus unterschiedlichen Gründen ablehnen. Haben wir schon von Kind an gelernt, dass Aggression dazu führt, dass wir nicht geliebt werden, sind wir stets darauf bedacht, Harmonie zu erzeugen und Konflikten aus dem Weg zu gehen. Streitkultur wird folgerichtig eine Ressource sein, die wir ablehnen. Aggression in einer maßvollen Ausprägung ist aber Motor für Veränderung und dient dazu, Ideen durchzusetzen. Du siehst, es handelt sich hier um eine Frage der Sichtweise.

ÜBUNG

Wir wollen dir eine Übung anbieten, um deine Ressourcen zu erkennen. Dazu werden wir eine sogenannte ABC-Liste erstellen (siehe Seite 35), die von Vera F. Birkenbihl entwickelt wurde, einer Motivationstrainerin und Vorreiterin der Entwicklung von Lernstrategien. Diese Liste kann in allen Bereichen des Lebens als Denk- und Kreativitätswerkzeug eingesetzt werden. Jeder kann sie verwenden, denn man muss nur folgende Regeln bei ihrer Erstellung befolgen:

▸ *Mit den Augen rauf und runter! Stelle dir ein Thema. Schreibe dir hierfür in deinem Heft das Alphabet untereinander auf oder nutze die Liste auf der nächsten Seite. Wandere mit den Augen das Alphabet rauf und runter. Mache zu jedem Buchstaben eine Notiz. Wo immer dir etwas einfällt, schreibe deine Assoziationen dazu auf. Stichworte genügen. Du kannst also irgendwo auf der Liste anfangen. Durch das Auf-und-ab-Wandern fallen dir automatisch wichtige Informationen, Assoziationen, Ausdrücke, Ideen etc. zum Thema ein, die direkt aus dem Unterbewusstsein stammen. Lass dich überraschen, was da alles kommt. Mache so lange weiter, bis dir nichts mehr einfällt oder drei Minuten um sind.*

▸ *Lücken oder Mehrfacheinträge sind erlaubt! Relax! Auch leere Zeilen sind in Ordnung, lass dich nicht stressen. Und auch, wenn dir mehrere Begriffe zu einem Buchstaben einfallen, kein Problem!*

Thema 1: Was sind meine Stärken?

Zu Stärken zählen wir Charaktereigenschaften, die uns nützlich sind bzw. uns nützlich sein können. Sei großzügig mit dir! Vielleicht fällt es dir leichter, wenn du dir vorstellst, du würdest eine Freundin/einen Freund nach deinen Stärken befragen.

Dafür liste das Alphabet vertikal auf. Rechts der Buchstaben sollte noch genügend Platz für einige Wörter sein. Nun beginne, innerhalb von zwei bis drei Minuten alles aufzuschreiben, was dir zum Thema Fähigkeiten einfällt. Schreibe zu möglichst jedem Buchstaben in der ABC-Liste ein Stichwort oder mehrere kurze Stichworte auf, die dir dazu einfallen und die mit diesem Buchstaben beginnen. Geh die Liste von Anfang bis Ende durch, Buchstabe für Buchstabe. Verharre aber nicht zu lange bei einem Buchstaben und überfliege die Liste. Gedanken oder Begriffe, die dir zwischendurch einfallen, schreibe direkt zum passenden

Buchstaben. Wenn du ans Ende der Liste gelangt bist, beginne wieder von vorne, bis die drei Minuten um sind. Du kannst diese Liste auch öfter »durchgehen« und erweitern – z. B. jeden Tag oder einmal pro Woche.

A ...   J ...   S ...

B ...   K ...   T ...

C ...   L ...   U ...

D ...   M ...   V ...

E ...   N ...   W ...

F ...   O ...   X ...

G ...   P ...   Y ...

H ...   Q ...   Z ...

I ...   R ...

Kapitel 2

Thema 2: Welche Ressourcen habe ich?

Welche Fähigkeiten habe ich bzw. welche kann ich einsetzen? Der Vorgang ist wieder gleich: Eine ABC-Liste und drei Minuten Zeit. Viel Spaß!

A ...	J ...	S ...
B ...	K ...	T ...
C ...	L ...	U ...
D ...	M ...	V ...
E ...	N ...	W ...
F ...	O ...	X ...
G ...	P ...	Y ...
H ...	Q ...	Z ...
I ...	R ...	

Unterschiedliche Verhaltensmuster erkennen und verstehen

Im Lauf unseres Lebens sammeln wir viele Erfahrungen und Eindrücke. Wir lernen, uns in der Welt zurechtzufinden und unseren Weg zu gehen. Dabei nehmen wir bewusst und unbewusst Unmengen von Informationen auf. All das wird gespeichert, und aus vielen dieser Informationen und Erfahrungen generieren wir Muster und Abläufe, die automatisch im Hintergrund ablaufen. So kommt es, dass wir viele Dinge machen, ohne nachzudenken. Wir schalten den Autopiloten ein und fliegen los. Vor allem in Stresssituationen agieren wir so.

Bereits als Kind lernen wir sehr schnell, auf die jeweilige Situation mit bestimmten Verhaltensmustern zu reagieren, um zum besten Output zu kommen. Je nachdem wie wir aufwachsen, welche Werte unsere Eltern vertreten und wie unsere Grundzüge sind, erlernen wir in der Kindheit unterschiedliche Muster. Das bedeutet, dass wir bestimmte Verhaltensweisen erlernen, um Aufmerksamkeit und Zuneigung der Eltern zu erhalten. Das tut jeder Mensch anders, doch lassen sich vier Grundmuster definieren. Sie zu kennen, erlaubt dir auch, sie zu hinterfragen bzw. dich zu entscheiden, ob sie im Hier und Jetzt zielführend sind. Vielleicht gibt es auch andere Möglichkeiten, die dir nützlich sein können.

Wir möchten dir diese in Form einer Geschichte näher bringen. Sie spielt auf einer bunten Blumenwiese, es gibt dort viele Blumen und Tiere, und sie alle haben ihre Stärken und Schwächen. Jeder hat bestimmte Verhaltensmuster, die ihn kennzeichnen. Unsere Geschichte handelt davon, wie wichtig es ist, die Vielfalt zu nutzen und anzuerkennen. Denn oftmals verurteilen wir unser Gegenüber, wenn es anders agiert oder andere Werte vertritt als wir. Das Perfekte liegt in der Gesamtheit. Wir möchten dich ermuntern, die Buntheit deiner Wiese zu entdecken.

EINE KLEINE GESCHICHTE

Wie die Blumenwiese wieder bunt wurde

Es war einmal eine wunderschöne Blumenwiese. Sie war bunt und vielfältig. Wenn man genau hinsah, konnte man erkennen, dass es vier Blumen gab, die dort am häufigsten aufblühten: die Wiesenrose, das Gänseblümchen, die Sonnenblume und der Krokus. Sie sorgten dafür, dass die Wiese wegen ihrer Schönheit überall bekannt war. Auch lebten dort ganz bestimmte Insekten, die der jeweiligen Blume besonders gern einen Besuch abstatteten. Auf dieser Wiese konnten Blumen und Tiere miteinander sprechen, es war ein buntes Treiben. Jede Blume und jedes Tier waren einzigartig. Jeder hatte seine Eigenarten, Träume und Sehnsüchte, Ängste und Zweifel.

Es war ein harmonisches Leben auf der Wiese, das aber mit der Zeit auch eintönig wurde. Die rote Wiesenrose war die Erste, die diese Unzufriedenheit bemerkte. Es gab keine Abwechslung, auch nicht bei den Besuchern, die zu ihr kamen. Sie spürte auch, dass es den anderen Bewohnern der Wiese ähnlich erging: Da war zum Beispiel der Krokus mit seinen Ängsten, sich überhaupt aus der Erde zu trauen. Kein Wunder, dass er immer so traurig war. Sein liebster Besucher war die Raupe, die zu ihm passte, denn sie versteckte sich am liebsten unter dem Blatt, damit sie keiner sehen konnte.

Und dann war da noch das Gänseblümchen mit ihrem Freund, dem Wiesenfloh. Sie hatten nur eines im Sinn: die Sonne zu genießen und zu spielen. Von Planung keine Spur, jedes Jahr waren sie wieder überrascht, wenn nach dem Sommer der stürmische Herbst kam.

Ja, da war noch die Sonnenblume. Sie war perfekt organisiert und ihr Nektar war einer der besten auf der Wiese, weil sie sich immer im rechten Moment zur Sonne drehte. Ihre beste Freundin war mit den Jahren die Biene geworden. Ein perfektes Team. Beide waren den ganzen Tag damit beschäftigt, die Zeit optimal zu nutzen. Letztes Jahr hatten sie sogar das spontan organisierte Wiesenfest verpasst, weil es ihnen unmöglich war, ihren Tagesplan zu ändern. Und helfen lassen wollten sie sich auch nicht.

»Wir sind alle schon sehr unterschiedlich«, dachte die Wiesenrose. »Ich zum Beispiel kann mich gut wehren. Meine rote Farbe ist zwar anziehend, aber sobald mir jemand zu nahe kommt, setze ich meine spitzen Dornen ein.« Giftig waren die Dornen zwar nicht, im Lauf der Zeit verbanden aber die Wiesenbewohner die Dornen mit Gefahr und mieden seither die Wiesenrose. Nur ein Wiesenbewohner war ihr treu geblieben: Die Ameise, ein sehr fleißiges und geschäftiges Tier, aber auch scheu und aggressiv. »Wir sind uns schon irgendwie ähnlich,« dachte die Wiesenrose. »Aber immer nur Ameisen um sich zu haben, ist auch langweilig.«

In diesem Moment hatte der Wiesenfloh einen ähnlichen Gedanken. Er besuchte meist das fröhliche, unkomplizierte Gänseblümchen, mit dem er spielen und Spaß haben konnte und das jeder Jahreszeit mit Leichtigkeit entgegensah. Über Schwierigkeiten konnten sie sich nicht austauschen. Bahnte sich zum Beispiel ein Gewitter an, sprachen er und das Gänseblümchen lieber nicht darüber. Sie warteten einmal ab und hofften, dass es bald mit möglichst wenig Schaden vorbeiging. Bei solchen Vorkommnissen schielten die beiden immer neidvoll zur Sonnenblume hinüber, die für solche Ereignisse immer perfekt vorbereitet war. Der Wiesenfloh wusste, dass die Sonnenblume beim ersten Anzeichen eines Gewitters ihre Blüten schloss und sie erst wieder öffnete, wenn das Gewitter vorbei war. Sie war perfekt auf alles vorbereitet, die Blüten waren rechtzeitig geöffnet, wenn die Bienen vorbeikamen, sie mussten allerdings den Zeitplan genau einhalten, sonst wurde die Sonnenblume ungemütlich. Auch der scheue Krokus war auf Wind- und Wetteränderungen vorbereitet. Nur mit dem Unterschied, dass der Krokus erst dann seine Blüten öffnete und in seiner Herrlichkeit erblühte, wenn er absolut sicher war, dass es den ganzen Tag schönes Wetter gab. Sein Vorteil: Der Krokus war gut geschützt, aber er fiel kaum jemandem auf, weil er so selten zu sehen war. Sein Leben spielte sich meist unter der Erde ab.

Aber bei allen brannte die Sehnsucht nach Abwechslung. Die Wiesenrose glaubte zu wissen, dass die Veränderungen auf der Wiese mit dem Schmetterling begannen, der ihr eines Tages einen Besuch abstattete. Sie hatte dieses Wesen noch nie gesehen, es war faszinierend und hatte strahlend blaue Flügel, auf denen die buntesten Punkte funkelten. Vorsichtshalber fuhr sie ihre Dornen aus. Der Schmetterling aber reagierte nicht auf diese Drohgebärde, setzte sich auf die Blüte und sagte zur Wiesenrose: »Ich habe bemerkt, dass du unzufrieden bist und dich langweilst.« – »Was fällt dir ein, so mit mir zu sprechen?«, antwortete die Wiesenrose ärgerlich. »Du solltest dich einmal mit den anderen Blumen und Insekten austauschen, das würde dein Leben viel bunter machen«, fuhr der Schmetterling unbeeindruckt fort. Und bevor die Wiesenrose noch etwas sagen konnte, war der Unbekannte schon weiter von Blüte zu Blüte geflogen. Der Krokus hörte ihm aufmerksam zu, das Gänseblümchen fand seinen Besuch sehr lustig und spannend. Auch die Sonnenblume schenkte dem Schmetterling Gehör.

Die Gedanken des Schmetterlings fanden bei den Wiesenbewohnern also Anklang. Und sie erinnerten sich, dass es in früheren Zeiten ein besseres Zusammenleben gegeben hatte. Die Wiesenrose dachte an die Erzählungen aus der Zeit ihrer Großmutter, als die Wiesenrosen in Kontakt mit anderen Blumen standen und von vielen Insekten besucht worden waren. Als aber alle an den einen Platz in der Sonne drängten, meinten die Wiesenrosen, nur mithilfe von Dornen ihre Grenzen setzen zu können. Das hatte den Vorteil, dass sie keine Argumente mehr brauchten, um lästige Mitbewohner abzudrängen. Als sich die Wiesenrose mit der Ameise über dieses Thema unterhielt, bemerkte sie, dass es bei der Ameise ähnlich abgelaufen war. So wie die Wiesenrose war sie das erste Insekt auf der Wiese gewesen, das die Notwendigkeit erkannt hatte, Grenzen zu setzen, um wahrgenommen zu werden. Für die Ameise war Angriff das beste Verteidigungsmittel. Ihr ätzendes Gift hielt unliebsame Besucher davon ab, ihr näher zu kommen. Aber Wiesenrose und Ameise kamen bei ihrem Gespräch zu dem Schluss, dass sie nichts mehr herbeisehnten, als das Miteinander mit den anderen Wiesenbewohnern.

Auch zwischen Sonnenblume und Biene liefen hitzige Diskussionen: »Ich muss mich immer um alles kümmern und habe für nichts anderes Zeit«, seufzte die Biene, und die Sonnenblume konnte nur nicken. »Aber sind wir nicht die Einzigen, die einen Plan haben?« Das war schon immer so gewesen, sie kümmerten sich um die Versorgung, beobachteten die Wetterlage und informierten die anderen darüber. Das war alles ziemlich anstrengend und einseitig, auch machte ein solches Leben keinen Spaß. »Wie schön wäre es, einfach einmal nur die Sonne zu genießen!«, so die Sonnenblume. »... und auch einmal den Nektar sein lassen«, warf die Biene ein. Neidisch schauten sie zum Gänseblümchen hinüber, das mit dem Wiesenfloh lachte und Spaß hatte.

Aber auch dort war ein hoher Grad an Unzufriedenheit spürbar, denn meist war es ganz in Ordnung, in den Tag hineinzuleben. Doch beneidete das Gänseblümchen die Sonnenblume, die durch Fleiß, Planung und Organisation viele Gefahren aus dem Weg räumte oder zumindest eindämmte.

Manchmal versuchte das fröhliche Gänseblümchen, mehr Planung in sein Leben zu bekommen, leider ohne Erfolg. Dem Wiesenfloh ging es nicht anders. »Einen Wiesenfloh, der nicht immer lustig und sorglos herumhüpft, gibt es nicht«, pflegte er zu sagen, aber auch er hatte insgeheim die Sehnsucht, sein Leben besser zu planen und zu organisieren.

Auch unter der Erde, beim Krokus und seiner Freundin, der Raupe gab es ähnliche Gespräche: »Warum bist du so oft unter der Erde?«, fragte er die Raupe. »Ich muss mich vor den Gefahren verstecken, die draußen auf mich lauern. Ich denke den ganzen Tag über mögliche Bedrohungen nach, hecke Strategien aus, wie ich darauf reagieren könnte. Und wenn ich mich endlich dazu entschließe, die Wiese zu besuchen, ist der Tag meist schon vorbei. Da ich auch Angst vor zu viel Sonne und Licht habe, bin ich meist am Morgen und in der Dämmerung auf der Wiese. In meiner Kindheit habe ich gelernt, abzuwarten und mich bei Gefahren zurückzuziehen. Dann bekam ich immer Lob und alle waren mit mir zufrieden. Außerdem freuten sich immer alle, wenn sie mich nach langem Suchen endlich gefunden hatten.« – »Ich weiß, was du meinst«, sagte die Raupe, »ich habe auch immer Ähnliches gehört: ›Zieh dich zurück und verhalte dich ruhig, sonst wirst womöglich noch gefressen‹.« Beide stellten aber fest, dass sie Sehnsucht nach der Sonne und ihren Kollegen auf der Wiese hatten.

Es herrschte Unruhe auf der Wiese, und die Unsicherheit erfasste alle Pflanzen und Tiere. Was sollten sie tun? Zum Glück war da noch der Schmetterling, der ihnen einen guten Rat gab: »Ihr müsst euch austauschen. Jeder von euch kann etwas, was der andere nicht kann. Ihr könnt euer Wissen und eure Fähigkeiten weitergeben und werdet dafür von den anderen lernen. Dies wird euer Leben strahlender und leichter machen.«

Die Wiesenbewohner waren verwirrt: »Warten wir einfach ab, bis etwas passiert«; sagte das Gänseblümchen und der Wiesenfloh nickte zustimmend. »Was soll ich denn schon von den anderen lernen?«, sagte die Sonnenblume hochnäsig und die Biene pflichtete ihr bei. Den Krokus überkam nach dieser Botschaft die Angst und er verkroch sich in der Erde. Die Raupe tat es ihm gleich.

Es war die Wiesenrose, die die Initiative ergriff und zur Ameise sagte: »Wir machen das jetzt einfach, schlechter kann es nicht werden. Geh zu den anderen Bewohnern und finde heraus, was der Schmetterling wohl gemeint hat. Und hab keine Angst, bei Gefahr kannst du dein Gift zum Einsatz bringen. Ich werde in der Zwischenzeit Ausschau nach anderen Besuchern halten und sie einladen.« Es dauerte nicht lang, da flog eine Biene an der Wiesenrose vorbei. Als sie die spitzen Dornen sah, wollte sie schon weiterfliegen, aber die Wiesenrose winkte ihr so freundlich zu, da konnte die Biene nicht Nein sagen, versprach doch die rote Blüte viel Nektar.

Die Wiesenrose nahm ihren Mut zusammen und fragte, warum die Biene denn noch nie vorbeigekommen wäre: »Mich schrecken deine Dornen und dein wildes Gehabe ab. Außerdem hatte ich nie das Gefühl, dass du an meinem Besuch interessiert sein könntest«, erwiderte die Biene vorsichtig, »aber es ist schön bei dir und ich finde es toll, wie du Gefahren abwehren und Grenzen setzen kannst«, fügte sie schnell hinzu. »Und ich finde es eindrucksvoll, wie fleißig du deiner Arbeit nachgehst. Da kann ich mir etwas abschauen. Denn ich habe zwar immer viele Ideen, aber mir fehlt die Ausdauer«, erwiderte die Wiesenrose. »Du brauchst einen Plan, dann geht das schon«, ermutigte die Biene die Wiesenrose. Und sie erläuterte, wie man Stürme vorausberechnet, wie man den Beginn einer neuen Jahreszeit erkannte und darauf reagierte, ohne in Panik zu geraten. Die Wiesenrose hörte aufmerksam zu und war erstaunt, dass sie noch nie selbst auf diese Gedanken gekommen war: »Ich dachte immer, ihr Sonnenblumen und Bienen seid arrogant und haltet euch für die Besten. Jetzt erkenne ich, dass das, was du sagst, sehr interessant und wirklich hilfreich ist.« – »Weißt du«, sagte die Biene, »ich fühle mich sicherer, wenn ich alles geplant habe und nichts dem Zufall überlasse. So kann mir nichts passieren.« – »Aber du hast ja einen Stachel, warum benützt du ihn nicht?«, fragte die Wiesenrose verwundert. Und plötzlich wurde der Biene zum ersten Mal bewusst, dass auch sie sich verteidigen konnte. Sie bedankten sich für die guten Tipps und vereinbarten, sich bald wieder zu treffen. Die Biene war glücklich. Es war ein gutes Gefühl, sich auf jemanden anderen verlassen zu können. Der Wiesenrose ging es ähnlich. Sie hatte die Nähe der Biene sehr genossen und hatte während der Unterhaltung ihre Dornen für einen Moment vergessen.

Die erste Blume, die die Ameise auf ihrer Erkundungstour traf, war der Krokus. Fast wäre sie über ihn gestolpert, weil nur ein Blütenblatt aus der Erde ragte. »Du bist aber schön«, sagte die Ameise, und vor lauter Verlegenheit rutschte die Blüte des Krokusses noch ein Stückchen weiter in die Erde. »Ich finde es schade, dass man dich so selten sieht«, sprach die Ameise weiter und sie redete und redete und redete. Dann plötzlich unterbrach sie der Krokus aufgeregt: »Achtung, da hinten ist ein Frosch, der ganz gierig nach dir Ausschau hält«. Und der Krokus öffnete seine Blüte und bot der Ameise Schutz, bis der Frosch weitergezogen war. »Weißt du«, sagte die Ameise zitternd, »oft wäre es besser, nicht so viel zu sprechen, sondern auch einmal zuzuhören und die Umgebung zu beobachten«. – »Ich höre den ganzen Tag zu und beobachte die Umgebung, es könnten doch Gefahren drohen. Da ist es einfacher, gleich unter der Erde zu bleiben«, seufzte der Krokus. »Warum überlegst du dir nicht auch eine Abwehrstrategie für mögliche Bedrohungen?«, ermunterte die Ameise den scheuen Krokus.« – »Die Wiesenrose und ich haben das auch getan, es ist gar nicht schwer. Und dann hast du die Möglichkeit, den Tag und die Sonne zu genießen«, motivierte die Ameise weiter. »Da werde ich mir gemeinsam mit der Raupe etwas überlegen, vielen Dank für die gute Idee und den interessanten Austausch. Besuch mich bald wieder.« – »Das mache ich sehr gerne! Ich habe es sehr genossen bei dir, es ist so schön ruhig. Ich werde in Zukunft besser zuhören und auch beobachten und wachsam sein.« Damit verabschiedete sich die Ameise fröhlich.

Zur selben Zeit spürte die Wiesenrose ein Kribbeln, was war das? Eine Raupe krabbelte ihren Stamm hinauf. Sie wollte schon ihre Dornen ausfahren, besann sich aber und wartete – ehrlich gesagt, sehr ungeduldig –, bis die Raupe ihre Blüte erreicht hatte. »Was willst du, du kleiner Wurm?«, fauchte die Wiesenrose für alle Fälle. »Weißt du«, stotterte die Raupe, »vor Kurzem war ein Schmetterling bei uns und sagte, dass wir von den anderen Bewohnern auf der Wiese viel lernen könnten. Das würde angeblich unser Leben bunter machen. Ich habe es satt, mich dauernd zu verkriechen, und so bin ich zu dir gekommen, weil ich vor dir am meisten Angst habe.« Die Wiesenrose war beeindruckt von der Ehrlichkeit und dem Mut der Raupe. »Warum fürchtest du dich vor mir?«, fragte sie sie versöhnlich. »Weil du bekannt dafür bist, deine Dornen auszufahren, anzugreifen und zu kämpfen. Ich hätte gern deinen Mut«, erwiderte die Raupe bewundernd. »Was soll ich schon von so einer kleinen, schwachen, unterwürfigen Raupe lernen?«, fragte sich die Wiesenrose und spürte zugleich die Macht, die sie über dieses kleine, unwichtige Erdentier hatte. Aber sie dachte an die Worte des Schmetterlings und auch daran, was die Raupe ihr erzählt hatte. Die Wiesenrose überlegte: Die Raupe war vorsichtig, umsichtig und zog sich bei Gefahr zurück. Sie konnte gut zuhören und überlegte, bevor sie etwas sagte. Eigentlich eine gute Eigenschaft, das musste sie sich eingestehen. »Ich muss zugeben, dass ich von dir auch etwas gelernt habe. Deine Verhaltensweisen haben auch etwas Gutes. Du musst nur aufpassen, dass dich andere nicht unterdrücken und dich darum bemühen, deiner Stimme Gehör zu verschaffen, auch wenn sie leise und zaghaft ist. Du musst dich zeigen und deinen Standpunkt vertreten, auch wenn du riskierst, dass er jemandem missfällt. Und glaube mir, du hast gute Standpunkte, denn sie sind in jeder Einzelheit durchdacht und wohlüberlegt«, ermunterte die Wiesenrose die Raupe, die jetzt irgendwie größer wirkte.

»Ich danke dir, der Besuch bei dir hat mich gestärkt, ich werde mich in Zukunft mehr zeigen und das sagen, was ich denke«, bedankte sich die Raupe herzlich und zog sehr viel entschlossener weiter.

Die Ameise stattete nun dem Gänseblümchen einen Besuch ab, das wie immer gut gelaunt war und den sonnigen Tag genoss. »Wie kann man nur so in den Tag hinein leben?«, sagte die Ameise in verächtlichem Ton. »Denkst du nie über deine Zukunft nach?« – »Warum sollte ich planen, das Leben ist so schön, ich genieße den Moment, und es kommt sowieso alles anders, als man denkt. Setze dich auf meine Blüte, und ich zeige dir, wie viel Spaß das macht!«, erwiderte das Gänseblümchen fröhlich. Die Ameise war neugierig geworden und folgte der Aufforderung des Gänseblümchens. Zusammen mit dem Wiesenfloh hüpften sie nun auf die Blüte, ließen sich vom Wind hin und her schaukeln, lachten, genossen die Sonne, und kurzfristig vergaß die Ameise sogar ihre Arbeit und die Mühen des Alltags. Die Ameise stellte fest, dass sie die Unbeschwertheit, das spielerische Miteinander und die Leichtigkeit schon sehr lang vermisst hatte. Als sie vom vielen Spielen müde geworden waren, sagte das Gänseblümchen. »Warum bist du immer so schroff, Ameise? Ich habe gemerkt, dass du am Spiel auch Spaß hast! Du bist ein sympathisches Wesen, und ich finde toll, dass du dich so leicht durchsetzt und deinen Weg gehst, ohne Rücksicht auf Verluste. Das kann ich von dir lernen.« – »Ich glaube, wir können beide etwas voneinander lernen, ich das Spielen und du etwas Verantwortung für das, was du tust. Beides ist gut und verdient Würdigung. Auf meiner Reise habe ich bereits gelernt, wie man Pläne gewissenhaft verfolgt und auch wie man mit ein wenig Leichtigkeit das Leben genießen kann. Dafür danke ich dir und hoffe, dass wir uns bald wiedersehen werden«, verabschiedet sich die Ameise erleichtert und machte sich wieder auf den Weg

Das Gänseblümchen sagte zum Wiesenfloh: »Nun mach auch du dich auf die Reise, denn die Ameise hat recht, es gibt einiges, was wir lernen können, um uns das Leben in vielen Situationen leichter zu machen. Ich werde auch Ausschau halten.« Und so war nach kurzer Zeit ein reges Treiben auf der Wiese zu beobachten. Wiesenflöhe besuchten Wiesenrosen, Sonnenblumen und auch Krokusse, die man von da an immer öfter auch während des Tages im Sonnenschein auf der Wiese antreffen konnte. Auch die Ameisen, Bienen und Raupen suchten neue Anregungen bei den unterschiedlichen Wiesenbewohnern. Sie tauschten untereinander Erfahrungen aus und lernten voneinander. So veränderte sich das gesamte Leben auf der Wiese. Die Wiesenrose hatte zwar immer noch ihre Dornen, die sie zum Einsatz brachte, aber nun hatte sie auch die Möglichkeit, eine Situation mit der Leichtigkeit des Gänseblümchens zu betrachten. Sie konnte aber auch abwarten und sich zurückziehen, was der Krokus so gut konnte. Es war ihr nun auch möglich, die anderen mit gut durchdachten Plänen zu begeistern, das hatte sie sich von der Sonnenblume abgeschaut.

Auch die Insekten besuchten nun immer öfter unterschiedliche Blumen, denn bei jeder gab es etwas zu lernen. Die Biene konnte sich auf die Wiesenrose verlassen und die Verantwortung abgeben, denn sie hatte immer genug Nektar (was sie anfänglich natürlich noch hinterfragte), der Wiesenfloh übernahm Verantwortung, indem er Dinge plante und nicht mehr nur in den Tag hinein lebte. Die Raupe wiederum hat erkannt, dass sie den anderen viel Freude bereitete, indem sie immer wieder die Erde lockerte, wenn sie am Boden unterwegs war. Da die anderen Blumen die Raupe nun so akzeptierten, wie sie war, wurde diese auch sicherer und präsentierte sich selbstbewusst. Was sie vom Wiesenfloh gelernt hatte: Sie genoss diese Anerkennung nun auch mit Humor und Leichtigkeit. Und sie merkte, dass sie sich viel wohler fühlte und sie sich auch zu verändern begann. Die Raupe konnte es sich nicht erklären, aber irgendetwas ging in ihr vor. Eines Morgens, als sie erwachte, konnte sie sich nicht mehr bewegen, sie war in einem Kokon eingeschlossen. Sie wurde panisch und versuchte, sich aus dem Gefängnis zu befreien. Es war schwierig, aber sofort waren Biene, Ameise und Wiesenfloh zur Stelle, um zu helfen. Dabei gab die Sonnenblume gute Tipps, die Wiesenrose motivierte sie, nicht aufzugeben, und Krokus und Gänseblümchen sprachen der Raupe gut zu, nicht die Nerven zu verlieren. Nach einiger Zeit, die der Raupe fast die letzte Kraft gekostet hatte, gelang es ihr sich zu befreien. Da bemerkte sie, dass alle rund um sie herum sie bewundernd betrachteten. Sie hatte sich komplett verändert! Sie hatte zwei blaue Flügel, die mit bunten, strahlenden Punkten geschmückt waren. Die Punkte hatten jede Farbe der Blumenwiese und sie funkelten und glitzerten. Endlich hatte die Blumenwiese ihren Schmetterling, der die ganze Wiese erstrahlen ließ. Und alle wussten, dass es der Beitrag jedes Einzelnen gewesen war, der dieses Wunder zustande gebracht hatte. Und es kamen noch viele Schmetterlinge, Ameisen, Wiesenflöhe, Raupen und Bienen, die gemeinsam mit den Wiesenrosen, Sonnenblumen, Gänseblümchen und Krokussen ein respektvolles, glückliches und zufriedenes Leben führten.

 Erkennst du dich in einer der Blumen wieder? Welche Blume bist du? Was sind deine Stärken, was sind deine Schwächen? Wie sieht deine Wiese aus? Interessierst du dich für andere Blumen und Insekten oder widmest du dich nur denjenigen, die du wegen ähnlicher Verhaltensweisen gut verstehen kannst? Wertest du andere ab, die anders ticken und die Welt anders sehen oder nimmst du diese Andersartigkeit als Motivation und Ansporn, Neues zu lernen?
Nimm dir etwas Ruhe und Zeit und schreibe deine Gedanken dazu auf. Vielleicht hast du auch Lust bekommen, deine eigene Wiese zu zeichnen? Oder auch nur Ausschnitte daraus? Manche denken bei dieser Übung auch an ihren Lieblingsplatz. Lass deinen Gedanken freien Lauf und tobe dich mit deinen Stiften aus!

Die unterschiedlichen Persönlichkeitsmuster

(Die Akteure unserer kleinen Geschichte)

Muster	Stärken	Schwächen
Sonnenblume und Biene – die Checker, die Macher	Kann Verantwortung übernehmen, kümmert sich gerne um alles, packt an und ist gut organisiert.	Oft fehlt Gelassenheit und Leichtigkeit, genießen und etwas nicht können/schwach sein fällt schwer, um Hilfe bitten oder die Führung abzugeben ist ihr/ihm fremd, Fehler zu verzeihen fällt schwer.
Wiesenrose und Ameise – die Mutigen und Aufzeiger	Hat keine Angst davor zu sagen, was er/sie sich denkt, kann sich gut durchsetzen, lebt und äußert Gefühle, hat viel Power und Kraft, impulsiv.	Sich einzuordnen, sich in andere hinein zu fühlen, fällt schwer, ebenso Geduld haben und an einer Sache länger dran zu bleiben.
Gänseblümchen und Wiesenfloh – die Unbeschwerten und Charmeure	Ist kreativ, kann begeistern und motivieren. Kann gut genießen und im Augenblick sein. Schwach sein und andere um Hilfe zu bitten (delegieren), ist eine oft eingesetzte Strategie. Ist nicht nachtragend.	Tut sich schwer zu planen und verlässlich etwas zu Ende zu führen. Verantwortung übernehmen und Entscheidungen treffen fällt ihr/ihm schwer.
Krokus und Raupe – Die Unsichtbaren und die Beobachter	Gelassen, in sich ruhend, hat den Überblick. Alleinsein macht nichts aus, kann sich gut mit sich selbst beschäftigen.	Im Mittelpunkt stehen oder Mitarbeiter führen, fällt schwer, streiten und verzeihen ist schwierig. Mit anderen zu sein, in Teams zu arbeiten, in Gruppen Spaß zu haben, ist oft mit Stress verbunden.

Du siehst, drei Viertel der Menschheit sind anders als wir selbst, sie nehmen die Welt anders wahr. Mit dieser Geschichte wollten wir dir die Vielfalt vor Augen führen und auch die Möglichkeiten, die diese Vielfalt bietet.

Die vier Gründe des Ärgers

Bevor du die Geschichte liest und dir damit einiges klarer über deine Mitmenschen werden wird, möchten wir dir noch die vier Gründe des Ärgers anhand von Beispielen näher erläutern. Sie sind ein gutes Mittel, um festzustellen, warum in mir Ärger entsteht. Denn die Entscheidung darüber, sich zu ärgern, fällen wir immer selbst.

1. Ziel ist nicht klar

Ein Ehepaar vereinbart, sich einen schönen Abend zu machen. Beide freuen sich sehr darauf. Am Abend steht die Frau in der Küche, bereitet ein tolles Abendessen vor, Sekt ist eingekühlt, die Kerzen stehen schon am Tisch. Der Mann kommt nach Hause, macht sich ein Bier auf, setzt sich freudig auf die Couch und ruft seine Frau, sie möge sich zu ihm setzen, das Fußballspiel beginne in ein paar Minuten. Beide ärgern sich, aber warum? Das Ziel, was nun ein gemütlicher Abend ist, war nicht klar.

2. Der andere hat etwas, was ich nicht habe

Susi ärgert sich sehr darüber, dass ihre Chefin nicht auf die Meinung anderer hört, sie zieht ihr Ding durch, ohne Rücksicht auf Verluste. Während des Coachings erkennt Susi, warum ihre Chefin bei ihr diesen Ärger auslöst. Harmonie ist Susi sehr wichtig, dafür nimmt sie auch in Kauf, dass sie oft nachgibt, ihre Meinung hintanstellt, auf ihre Bedürfnisse verzichtet. Gerne möchte sie das ändern, weiß aber oft nicht wie. Ihre Chefin hat ihr – sehr intensiv – gezeigt, wovon Susi gerne mehr hätte: Durchsetzungskraft und Mut, ihre Bedürfnisse durchzusetzen.

3. Wir sehen unsere eigenen Fehler bei anderen gespiegelt

Peter beschwert sich über seine Frau, die ihm stets vorgibt, was er zu tun hätte. Sie ist dabei sehr bestimmend, und Peter hasst es, bevormundet zu werden. Während des Coachings erkennt er, dass ihn das deshalb stört, weil er selbst sehr genau zu wissen glaubt, wo es langgeht. Auch er gibt seinen Mitarbeitern sehr bestimmend zu verstehen, was sie zu tun haben, und gibt ihnen keinen Freiraum, traut ihnen keine Eigeninitiative zu. Seine Frau »spiegelt« ihm sein bevormundendes Verhalten, das er beruflich an den Tag legt. Er bekommt zu spüren, was seine Mitarbeiter durch sein Verhalten ertragen müssen.

4. Ein Auslöser aus früheren Zeiten

Rebekka ärgert sich, denn ein Autofahrer hat sie, während sie einparkte, angeschrien: »Bist du sogar zu blöd zum Einparken?« Damit hat er bei ihr einen Anker aus der Kindheit gehoben, den sie von ihrem übermächtigen Vater nicht nur einmal gehört hat!

Du siehst, Ärger hat immer etwas mit uns zu tun. Die anderen, die den Ärger auslösen, zeigen uns etwas auf und sind quasi Helfer, um auf etwas aufmerksam zu machen. Nimm es als Geschenk. Leg deine Energie nicht darein, dein Gegenüber zu bekämpfen, sondern richte deine Aufmerksamkeit auf die Botschaft an dich! Sich mit sich selbst zu beschäftigen macht nämlich mehr Spaß als andere zu bekämpfen.

ÜBUNG

Denke an eine Situation, in der dich dein Gegenüber extrem geärgert hat. Überprüfe nun anhand der vier Gründe, woran es liegen könnte. Der Vorteil: Ich beschäftige mich mit mir und nicht mit meinem Gegenüber. Was löst in mir konkret den Ärger aus? Was kann ich tun, damit es mir das nächste Mal bessergeht?

Kapitel 3
Logische Ebenen der Veränderung und Potenziale

Logische Ebenen der Veränderung und Potenziale

Die letzte der menschlichen Freiheiten besteht in der Wahl der Einstellung zu den Dingen.*
Viktor Frankl (1905 – 1997), österreichischer Neurologe und Psychiater,
Begründer der Logotherapie und Existenzanalyse

Kennst du das, wenn die Kluft zwischen Vorsatz und Umsetzung immer größer wird? Immer wieder ein neuer Versuch – kurzfristige Euphorie – Stillstand – wieder aufrappeln – Ausnahmen zulassen: »Nur das eine Mal« – verschieben – alter Trott. Das Ergebnis: Frustration, Ärger, Mutlosigkeit, Stillstand, Freudlosigkeit, Trauer, vielleicht auch Aggression. Soweit nichts Neues, oder?

Verflixte Vorsätze – warum die Umsetzung so oft nicht gelingen will

Wir wollen diesem Teufelskreis auf den Grund gehen. Warum gelingt es dir nicht, bestimmte Vorsätze umzusetzen, warum halten sie oft nur für kurze Zeit? An der Anstrengung und am Willen zur Veränderung liegt es wohl nicht. Und auch wenn der innere Schweinehund noch so laut bellt, irgendetwas in dir blockiert.

Wenn du bei der Umsetzung von Vorsätzen erfolgreicher sein willst, ist es im ersten Schritt wichtig zu verstehen, was in dir vorgeht, wenn nachhaltige Veränderungen stattfinden sollen.

Es gibt sogenannte logische Ebenen, die auf die Arbeit des US-Sozialwissenschaftlers Gregory Bateson zurückgehen und weiter auf jener des neurolinguistischen Programmierers Robert Dilts aufbauen. Sie werden oft als Pyramide dargestellt. Unser Reset yourself PLUS® Programm hat eine eigene Darstellung erarbeitet. Bei uns wird noch mehr Bezug darauf genommen, dass die oberen Ebenen die unteren Ebenen beeinflussen.

Die logischen Ebenen helfen uns, Klarheit darüber zu bekommen, wie Realität entsteht. Denn nichts ist Zufall. Das System der logischen Ebenen bietet eine gute Diagnosemöglichkeit, wo es genau hakt bzw. an welchem Rädchen wir drehen können, um etwas nachhaltig für uns zu verändern. Wir zeigen auf, wo wir bei Veränderungen ansetzen können. Wo kann ich dafür sorgen, dass die Veränderung von innen heraus geschehen kann – und die Motivation nicht von außen, von unserem Umfeld kommen muss. In vielen Trainings und Seminaren wird am Verhalten selbst, eventuell auch noch an den Fähigkeiten angesetzt. Um nachhaltige Veränderungen zu ermöglichen, müssen wir aber die Ebenen darüber angehen.

---

* Zitiert mit freundlicher Genehmigung des Viktor-Frankl-Instituts, Wien

EIN BEISPIEL AUS UNSERER PRAXIS

Wir wollen hier aufzeigen, wie die logischen Ebenen und Veränderung funktionieren:

Klient Lukas, 41 Jahre alt, smart, kurz vor einem wichtigen Karriereschritt, schildert folgende Problematik: Ihm wurde ein fantastischer **Karrieresprung** angeboten, in den nächsten vier Jahren gilt es, einige Stationen im Unternehmen (In- und Ausland) zu bekleiden, um danach in den Vorstand berufen zu werden. Im Gespräch betont er mehrmals, wie toll die Chance sei, dass ihn diese Position sehr interessieren würde und er sich diesen Posten immer erträumt hätte. Allerdings fühlt er sich irgendwie unrund, seitdem er dieses Angebot bekommen hat. Er kann es rational nicht erklären, seine Motivation ist aber gesunken, Unmut tut sich auf.

Während des Coachings entdeckt Lukas immer mehr einen **sehr starken Wert,** der sein Leben prägt und dessen Wichtigkeit ihm aufgrund seines Lebensstils all die Jahre nicht bewusst war: die Freiheit. Dieser Wert ist auch für eine Reihe seiner **Glaubenssätze** (Beliefs) verantwortlich: »Glücklich ist nur, wer frei ist.« – »Gib niemals deine Freiheit auf.« Diese Glaubenssätze wirken wie innere Regeln, nach denen sich Lukas sein Leben gestaltet hat. Er hat seine Strategien und Fähigkeiten darauf ausgerichtet. Er ist stets flexibel und offen und braucht viel Abwechslung. Das war zwar einerseits förderlich für seinen Werdegang und seine Karriere, andererseits ist dabei ein Haken: Sich langfristig zu binden und fix jahrelang in einer Schiene eingebunden zu sein, widerspricht unbewusst seiner inneren Lebenseinstellung. Gemeinsam haben wir erarbeitet, wie Freiheit einerseits zu leben ist, wie aber auch andere seiner Werte – wie beispielsweise Erfolg und Anerkennung – ihren Platz in seinem Wertesystem finden können. Er musste nichts aufgeben, er konnte sein Lebensziel erweitern und dadurch die Werteebene aufwerten.

Was beeinflusst mein Verhalten?

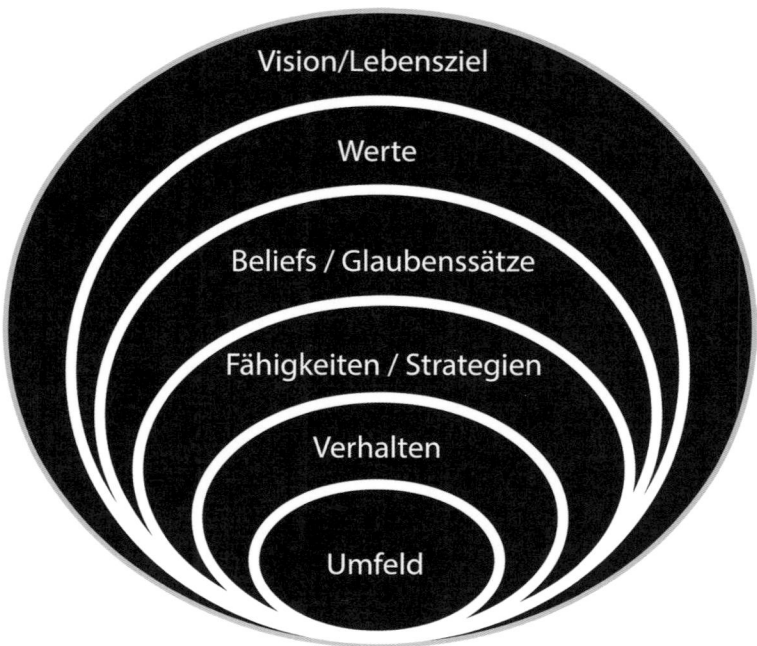

Logische Ebenen der Veränderung und Potenziale

1. Umfeld – wer außer mir tut wann und wo was?

Das Umfeld ist unser gesamter Lebenskontext, alles, worauf wir reagieren, unsere Umgebung, die Menschen, mit denen wir interagieren. Worauf reagiere ich und nehme selbst Einfluss? Wer außer mir tut wann und wo was? Zum Umfeld gehören meine Familie und Freunde, mein Arbeitsplatz, die Nachbarschaft, Orte, an denen ich mich aufhalte, kurz gesagt meine Umgebung.

2. Verhalten – was tue ich?

Verhalten ist das, was ich konkret tue. Wie verhalte ich mich gegenüber meinem Umfeld? Bin ich aggressiv, ziehe ich mich zurück, nehme ich das Heft in die Hand? Es handelt sich also um eine Beschreibung meines Verhaltens als Reaktion auf meine Umwelt.

3. Fähigkeiten/Fertigkeiten/Strategien – wie tue ich es?

Damit sind die Schritte gemeint, die zu einem konkreten Verhalten und zu einem bestimmten Ziel führen. Welche Fähigkeiten habe ich, um dieses Ziel zu erreichen? Bin ich zielstrebig, verantwortungsbewusst, optimistisch, offen, gewissenhaft, diszipliniert?

4. Beliefs/innere Regeln/Glaubenssätze/Rollenbilder – wofür tue ich es?

Glaubenssätze (Beliefs) geben die Regeln vor, nach denen meine darüber liegenden Werte zu leben sind. Sie laufen nach dem Ursache-Wirkungs-Muster: wenn …, dann …

5. Werte – warum tue ich was?

Werte sind spezielle Überbegriffe von Glaubenssätzen. Sie treiben uns an. Glaubenssätze und Werte werden selten hinterfragt. Im Gegenteil – sie werden fast immer mit der Wahrheit und mit der Wirklichkeit gleichgesetzt.

6. Vision und Sinnfindung – was ist der Sinn? Was ist mir im Leben wichtig?

Hier steht die Frage nach dem Sinn des Lebens im Vordergrund. Was ist für mich wichtig? Was ist für mich im Leben wichtig? Wozu bin ich hier? Was ist der Sinn meines Daseins?

Veränderung auf der obersten Ebene hat – wie schon beschrieben – Auswirkungen auf alle anderen Ebenen. Die Gesamtheit von Werten, Glaubenssätzen (Beliefs), Fähigkeiten und Strategien bestimmt unser Verhalten, das wiederum in Wechselwirkung zu unserem Umfeld steht.

Wenn du mehr Klarheit gewinnst, dann wirst du mehr Sinn für dein Leben finden, das hat natürlich Auswirkungen auf die unteren Ebenen, es verändert dein Selbstbild positiv, das wiederum verändert die darunterliegenden Glaubenssätze, mobilisiert bzw. stärkt neue Fähigkeiten. Du siehst, kleine Veränderungen auf den oberen drei Ebenen können enorm viel und nachhaltig verändern.

Automatisiertes Verhalten – unser Autopilot

Im Lauf unseres Lebens machen wir vielfältige prägende Erfahrungen und wir lernen, uns in der Welt zurechtzufinden. All diese Erfahrungen speichern wir als eine Wahrnehmungskombination unserer fünf Sinne ab: Sehen, Hören, Fühlen, Schmecken, Riechen. Viele Verhaltensweisen generalisieren wir als Muster, sodass wir manche Dinge einfach tun können, ohne lang darüber nachzudenken. Es scheint, als wäre eine Art Autopilot eingeschaltet, der aber auch wichtig ist, sonst müssten wir jeden Tag neu lernen zu leben.

Himmel oder Hölle

Der Autopilot kann aber auch zum Problem werden. Wenn wir nur mehr funktionieren und unser Verhalten nicht im Einklang mit den oberen (darüber liegenden) Ebenen steht, findet eine »innere Revolution« statt, deren Symptome sind: Zeitnot, Unruhe (die sich im äußeren Chaos widerspiegelt), Nervosität, Unkonzentriertheit, emotionale Labilität, (beim geringsten Anlass kippen wir aus dem Gleichgewicht), Angst, Unentschlossenheit, bei vielen auch enorme Geschäftigkeit verbunden mit niedriger Produktivität. Willkommen im Hamsterrad! Wie der US-amerikanische Sozialpsychologe Kenneth Gergen so treffend meint: »Wir spüren die sozialen Folgen des schnellen Lebens: Anwesende Abwesenheit.«

Wir wollen uns wieder gut fühlen. Gefühle sind der weithin unterschätzte Schlüssel zur Bewältigung der modernen Herausforderungen – der uns umgebende Geräuschpegel, die Informationsflut, etc. In diesem Umfeld helfen uns positive Emotionen wie Optimismus, Selbstvertrauen, Geborgenheit und Gelassenheit. Sie sind Voraussetzung für optimales kognitives Funktionieren. Wir denken und entscheiden besser, wenn wir uns gut fühlen, wenn wir also nicht angespannt, verärgert oder erschöpft sind.

Warum Seminare und Ratgeber oft keine Hilfe sind

Was also tun? Wir buchen Seminare und kaufen uns Ratgeber – das Problem daran: In Seminaren und vielen Lebensratgebern wird bei der Ebene des Verhaltens angesetzt. Da bekommen wir dann Tipps, wie man bestimmte Dinge machen soll und wie nicht, was man sagen soll und was nicht, damit man erfolgreicher wird. Da bei den logischen Ebenen der Veränderung nun die Wirkung von oben nach unten verläuft, wirkt sich das neue Verhalten lediglich auf die Umwelt aus. Langfristig verfällt man wieder ins alte Verhalten, weil nichts an den darüber liegenden Ebenen verändert wurde. Unsere Glaubenssätze (Beliefs), sowie unsere Werte sind die gleichen geblieben. Die oberen Rädchen sind von der Veränderung nicht betroffen.

Das ist, wie wenn dir jemand den Tipp gibt, in deinem Job lauter und energischer aufzutreten – die Frage ist nur: Was kannst du tun, damit dir das gelingt? Noch hast du keine genaue Vorstellung davon, wie du tickst. Dazu könnte auch noch einer der Glaubenssätze wie: »Sei bescheiden« oder »Nur nicht auffallen« dazukommen oder es ist dir möglicherweise der Wert »Frieden und Ruhe« heilig. Was, meinst du, wird dann passieren? Du wirst eventuell dein Verhalten kurzfristig ändern, bei einer Besprechung – motiviert durch eine Seminarschulung – einmal auf den Tisch hauen, aber dann? Langsam aber sicher schleichen sich wieder deine Beliefs ein, deine Werte wollen gelebt werden, Bedürfnisse nach Ruhe gewinnen Oberhand.

EIN BEISPIEL AUS UNSERER PRAXIS

Warum Vorsätze so gar nicht gelingen wollen

Meist sind es unbewusste, aber dafür umso mächtigere Antreiber, die verhindern, dass wir Vorsätze wirklich umsetzen. Wer aber ist dafür verantwortlich? Ja, genau, du selbst! Dazu ein Beispiel aus unserer Praxis.

Eine Klientin hat es sich zum Ziel gesetzt, Nein sagen zu können, sich selbst besser abzugrenzen und auf die Einhaltung der Grenzen auch zu bestehen. Sie hatte es zigmal versucht, schon bevor sie zur Beratung gekommen ist. Immer wieder ist sie aber in ihr altes Verhaltensmuster zurückgefallen. Wir haben in einem ersten Schritt mit ihr gemeinsam verschiedene Perspektiven beleuchtet und den positiven Nutzen dieses Verhaltens sowie ihre Antreiber näher angesehen. Sich anzupassen und nur ja nicht anzuecken, das war ihr starkes Bedürfnis nach Geborgenheit und Akzeptanz. Der Klientin half es sehr, sich ihrer Antreiber bewusst zu werden. Auch den bereits beschriebenen somatischen Markern, den körperlichen Signalen, Aufmerksamkeit zu schenken und sie zu akzeptieren, war für sie eine wichtige Erkenntnis. Es sind Rufe aus unserer Seele, starke Gefühle, die sich einstellen und spontan nicht mit Worten erklärt werden können.

EINE KLEINE ÜBUNG ZU DEN SOMATISCHEN MARKERN

➲ *Nimm dir kurz Zeit und lass dich auf deine Erinnerungen ein. Denke an Situationen, in denen dein Körper dir mehr oder weniger klar gezeigt hat, ob die Lage positiv oder negativ zu beurteilen ist, sei es mit einem »Schlag in die Magengrube« oder einem Gefühl, das dir die Arme in die Höhe reißen lässt. Oder gab es Euphorie nach einem großen Erfolg, die du am ganzen Körper spüren konntest? Es könnten aber auch ganz andere Erlebnisse gewesen sein, bei denen sich dein Körper zu Wort gemeldet hat. Nimm dir ein bisschen Zeit und Ruhe und mach dir Notizen dazu!*

Wir müssen also an den oberen Ebenen arbeiten, um nachhaltig Veränderung umzusetzen. Setzt man auf der untersten Eben an, werden die darüber liegenden Ebenen dazwischenfunken, alles torpedieren, und am Ende des Tages wird von der positiven Verhaltensänderung nichts mehr übrigbleiben – egal, wie sehr wir uns auch anstrengen. Kennst du Menschen, die immer wieder den Arbeitsplatz wechseln (Umgebung), aber immer wieder dieselben Probleme haben? Langfristig gesehen kann ein solches Verhalten wohl keine tiefere Wirkung haben, bringt aber viel Frust und Enttäuschung mit sich. Rückzug ist oft die Folge davon.

▶ Conclusio: langfristig ist es effektiver und einfacher, mit den oberen Ebenen zu arbeiten.

Glaubenssätze: Feind oder Freund im Alltag

Eine der besonders interessanten Ebenen ist jene der Glaubenssätze (Beliefs). Vor allem Beliefs, die uns einschränken und uns daran hindern, unser volles Potenzial zu leben, machen eine nachhaltige Verhaltensänderung unmöglich. Zu den typischen Glaubenssätzen, die viele Menschen für wahr halten, gehören Sätze wie: »Ich bin nicht richtig so, wie ich bin.« – »Das Leben ist ein Kampf.« – »Das Leben ist ungerecht.« – »Männer sind unzuverlässig.« – »Von nichts, kommt nichts.« – »Ich kann ohnehin nichts ändern.« – »Ohne Fleiß, kein Preis.« – »Wer rastet, der rostet.« Solche Glaubenssätze bestimmen die Regeln, wie du was von der Welt wahrnimmst, wie du die Welt interpretierst und wie du auf ihre Anforderungen reagierst.

Man kann Beliefs aber auch als Filter sehen. Es ist nicht zu unterschätzen, wie wir unbewusst steuern, was wir wahrnehmen und welche Informationen ausgeblendet werden. Überlege dir Situationen, in denen verschiedene Menschen die Lage völlig anders interpretieren. Sie nehmen sie unterschiedlich wahr und bewerten sie auch anders. Wähle ein Erlebnis aus deiner Kindheit, an das du dich gut erinnerst und das dich traurig gemacht hat, weil du dich ungerecht behandelt gefühlt hast. Dann frag jemanden, der dabei war, wir er/sie diese Situation erlebt hat. Du wirst erkennen, wie unterschiedlich Menschen ein und dieselbe Situation bewerten und erleben. Einstellungen, Glaubenssätze und gemachte Erfahrung spielen hier eine große Rolle!

Wie entstehen Glaubenssätze?

Mit einschränkenden Glaubenssätzen kommen wir nicht auf die Welt. Heute aber bewegen sich unsere Gedanken meist in fest vorgeschriebenen Bahnen, und so verhalten wir uns auch. Da wir nur sehen können, was wir glauben, schauen wir auf eine Welt, die uns bestätigt, dass wir Recht haben. Unsere hinderlichen Glaubenssätze geben wir auch an unsere liebsten Menschen, unsere Kinder weiter. Und das mit der allerbesten Absicht.

Als Kind sind wir offen, freuen uns auf die Herausforderungen. Wir lernen zu gehen, selbstständig zu essen, uns anzuziehen, zu spielen. Wir sind beharrlich dahinter und lassen uns nicht unterkriegen. Hast du schon einmal ein Kleinkind erlebt, das sich weigert gehen zu lernen, weil es schon 20-mal hingefallen ist? Am Beginn unseres Lebens glauben wir fest daran, alles zu schaffen, und haben keine Angst davor, zu scheitern oder etwas nicht zu erlernen. Spätestens im Kindergartenalter begegnen uns aber bereits die ersten Einschränkungen: »Wenn du das nicht tust, wirst du das nie schaffen.« – »Wenn du dich nicht bemühst, wird das nie was werden.« … Im Gegensatz dazu ist es auch nicht förderlich, für alles gelobt zu werden – wofür dann anstrengen?

Die Frage ist, warum verfolgen wir nicht weiter unsere Ziele, sind neugierig und selbstbewusst? Der Grund liegt darin, dass uns auch ein Grundbedürfnis in die Wiege gelegt wird, nämlich der Wunsch nach Anerkennung und Liebe. Ohne Anerkennung und Liebe vertrocknen wir als Kind wie eine Blume, die nicht gegossen wird. Dieses Grundbedürfnis wollen wir als Kind unter allen Umständen befriedigen. Kinder lernen sehr rasch, dass sie dann Liebe erfahren, wenn sie gewisse Anweisungen befolgen und nach dem Wunsch der Eltern oder Bezugspersonen handeln. Im Kindesalter hinterfragen wir unsere Eltern, unsere Lehrer nicht. Liebe und Anerkennung – dieses sichere emotionale Nest hat allerdings seinen Preis: Wir haben gelernt, brav, fleißig, vorsichtig, draufgängerisch, aggressiv, zurückhaltend, laut oder leise zu sein, um ein guter Mensch zu sein. Je nachdem wie unsere Bezugsperson gestrickt ist, wird sie uns unterschiedliche Verhaltensregeln vermitteln. Die einen hören, dass man brav und gehorsam sein muss. Andere wieder, dass sie schauen müssen, wo sie bleiben, dass sie sich hart durchsetzen müssen. Dass sie immer die Ersten, Besten, Schnellsten sein müssen – um von den Eltern als gut und erfolgreich gesehen zu werden. Wir schneidern uns also ein Verhalten zurecht, mit dem wir gut durchkommen, mit dem wir möglichst viel Liebe erfahren und uns geborgen fühlen können.

Aber Achtung! Nein, die Eltern sind nicht schuld an unserem Leid, sie wussten es nicht besser und deren Eltern hatten es auch schon so gemacht. Es liegt an uns selbst, weiter zu kommen und uns stetig zu entwickeln.

EIN BEISPIEL AUS UNSERER PRAXIS

Die Wenn-ich-mich-so-verhalte-werde-ich-geliebt-Regeln haben sich fest und tief in unserem Inneren etabliert. Unser **Unbewusstes** möchte uns sicher durch unser Leben führen und hat daher diese Regeln automatisiert, um uns das Leben einfacher zu machen. Sie sind so lange gut, so lange sie uns nicht einschränken. Aber leider haben wir eines nie gelernt zu tun: diese inneren Regeln zu hinterfragen. Wir sind uns nicht bewusst, dass sie so mächtig sind.

Wir hatten bei einem Seminar einmal einen Teilnehmer, der schon viele Seminare besucht hatte, damit er lernt, in seinem Beruf seine Argumente schlagkräftiger zu präsentieren. Er war ein eher ruhiger, bedachter, sensibler junger Mann – was glaubst du, wie sich »schlagkräftig präsentieren« für ihn anfühlte? Um es abzukürzen: In seiner Kindheit hatte er besonders viel Liebe und Aufmerksamkeit bekommen, wenn er ruhig war, nicht auffiel und möglichst unsichtbar blieb. Folglich war der **Glaubenssatz** »Bleib möglichst unsichtbar, dann passiert dir nichts« sehr mächtig. Und dieser Satz auf der Ebene der Beliefs kannibalisierte seine Versuche, sich Durchsetzungsvermögen anzueignen. Und wenn er es versuchte, fühlte er sich derart unwohl, dass ein zweiter Versuch gar nicht mehr gewagt wurde.

Gehen wir nun gemeinsam Schritt für Schritt durch, wie du zu deinen unbewussten Glaubenssätzen durchdringen und sie verändern kannst.

Wie kommst du deinen Glaubenssätzen auf die Spur?

▶ Viele Glaubenssätze sagst du dir andauernd im Dialog mit dir selbst – achte darauf, wie du mit dir sprichst (Beispiel: »Du kriegst aber auch gar nichts auf die Reihe!«). Auch wie du mit anderen und über andere sprichst, bringt Glaubenssätze ans Licht. Wovon bist du felsenfest überzeugt, hast es schon lange nicht mehr infrage gestellt (»Da fährt die Eisenbahn drüber!«)?

▶ Wenn dir immer wieder dasselbe passiert, wenn du beispielsweise mit Vorgesetzten immer wieder dieselbe Erfahrung machst – welche Glaubenssätze könnten da dahinter stehen? Welche wiederkehrenden Verhaltensmuster erkennst du? Was sind die Auslöser, die dich immer wieder aufs Neue bestätigen, dass Dinge nicht klappen? Welche Auslöser lösen Konflikte aus? Lösen bei dir Wut, Enttäuschung, Frust aus?

▶ Höre dich in deinem familiären Umfeld um. Was sagen beispielsweise deine Eltern über Erfolg, Arbeit, Freizeit? Welchen Meinungen begegnest du da?

▶ Welche Botschaften hast du aus deiner Kindheit mitgenommen? Was haben dir deine Mutter, dein Vater oder andere Bezugspersonen sowie deine Lehrer mitgegeben? Vielleicht kannst du dich noch an klassische Aussagen deiner Bezugspersonen erinnern (»Ich höre noch immer meiner Mutter sagen, …«)?

EINE ÜBUNG DAZU

Wir möchten dich dabei unterstützen, deinen Glaubenssätzen auf die Spur zu kommen. Jeder hat Glaubenssätze, das heißt eine generalisierte Meinung über etwas.

Nimm dir bitte dein Notizbuch und ergänze schnell folgende Sätze. Achtung! Diese Übung ist nur sinnvoll, wenn du die Sätze mit deiner »inneren Stimme« ergänzt. Dein Unterbewusstsein wird dir sofort eine Antwort zu diesen Themen geben. Schreibe auf, was spontan kommt. Der erste Impuls zählt. Auch wenn die Logik gleich eine andere Erklärung nachliefert. Wenn beispielsweise der erste Impuls »Das Leben ist schwer« ist, kann gleich danach der Gedanke kommen: »Aber mir geht es so gut, ich habe einen guten Job.« Das sagt dann die Logik in dir. Daher sei spontan und ehrlich und lass dein Unterbewusstsein sprechen. Und verurteile es nicht – das Unterbewusstsein arbeitet für dich, will dir nur Gutes.

Das Leben ist ...

Mein Vater ist ...

Meine Mutter ist ...

Männer sind immer ...

Frauen sind immer ...

Freunde sind ...

Freude ist ...

Geld ist für mich ...

Ich bin ...

Erfolg bedeutet ...

Ich kann nicht ...

Glückliche Beziehungen sind ...

Mein Körper ist ...

Disziplin bedeutet ...

Nichtstun ist ...

Spaß ist ...

Liebe ist ...

Sind deine Glaubenssätze für deine Ziele hilfreich?

Du kannst dir folgende Fragen stellen:

▶ Führen mich meine Glaubenssätze wirklich zum Erfolg? Erreiche ich mit ihrer Hilfe meine Ziele? Sind sie die Grundlage meines Glücks?

▶ Oder will ich einfach nur Recht behalten? Richte ich mein Leben so aus, dass meine Glaubenssätze stimmen (ist mein Leben ein Kampf, weil ich glaube, dass es so sein muss)? Beides ist vollkommen in Ordnung. Du hast die Wahl.

Mache dir Gedanken, nimm dir Zeit zur Reflexion und schreibe deine Erkenntnisse in dein Buch.

Wie werde ich die einschränkenden Beliefs los?

Nimm dir deine Beliefs von der vorigen Übung nochmals zur Hand. Sind sie wirklich hinderlich? In welchen Situationen? Helfen sie dir auch in gewissen Situationen?

Dazu ein Beispiel:

 Ein Glaubenssatz wie »Vorsicht ist die Mutter der Porzellankiste« ist ein guter Belief, wenn wir vor der Wahl stehen, ob wir nächtens in der New Yorker Bronx ein Taxi rufen oder lieber das Geld sparen und zu Fuß gehen sollen. Wenn aber unser sehnlichster Wunsch die Selbstständigkeit ist oder einmal eine Reise mit dem Rucksack zu machen, dann kann dieser Belief sehr einschränkend sein. Das Wichtige ist, die Wahl zu haben. Denn die Situation wäre so, als hätten wir in unserem Kleiderschrank nur ein dünnes Jäckchen für alle Gelegenheiten und alle Jahreszeiten. Wir haben so viel mehr Jacken zur Auswahl!

Würdige deine Beliefs, schenke ihnen deine Wertschätzung! Was sind die positiven Absichten dieses Glaubenssatzes und welche Fähigkeiten hast Du dadurch erworben? Jeder Antreiber hat einen Nutzen bzw. eine positive Absicht. Du hast sie entwickelt, weil sie dir damals geholfen haben, Schritt zu fassen, gesehen und wertgeschätzt zu werden. Unser Unbewusstes hat sie gespeichert, um uns zu schützen und uns zu helfen. Um Energie zu sparen, rufen wir immer wieder diese alten Muster ab, ohne sie den Gegebenheiten anzupassen. In bestimmten Situationen, wenn wir unter Stress stehen, reagieren wir sehr schnell und unbewusst – und wählen die ausgetretenen, schon lange benutzten Autobahnen in unserem Gehirn. Spontan gehen wir keine neuen Wege, die wir erst mühsam freischlagen müssten. Veränderung braucht Zeit und viele Wiederholungen, um sie auch unbewusst abrufen zu können. Neue Wege müssen oft gegangen werden, um in unser Unterbewusstsein eingeprägt und automatisiert zu werden. Das ist wichtig zu wissen, um der Veränderung auch die nötige Zeit einzuräumen.

Wir wollen dir anhand eines Beispiels zeigen, wie du ganz einfach auf die positiven Absichten kommen kannst. Wir nehmen dazu den sehr verbreiteten Belief zur Hand: »Das Leben ist hart.«

Jemand, der diesen Belief hat, könnte die folgenden Fähigkeiten haben, woraus auf die positiven Absichten dieses Glaubenssatzes geschlossen werden kann:

► gutes Durchhaltevermögen
► Beharrlichkeit
► Ausdauer

➲ *Finde die positiven Absichten in deinen Beliefs: Welche Fähigkeiten hat die Person, die so einen Glaubenssatz hat, was kann sie gut?*

➲ *Jeder Antreiber hat einen Nutzen. Nimm dir einen Belief aus deiner Liste, der dich hemmt.*

➲ *Versuche, zu den wichtigsten deiner Beliefs dessen positive Absicht zu überlegen, und schreibe sie in dein Buch. Kleine Hilfestellung, falls dir keine positive Absicht zum einen oder anderen Glaubenssatz einfällt: Frag eine Freundin, einen Freund. Sie haben oft schneller eine Antwort, weil sie nicht befangen sind.*

Im nächsten Schritt werden wir die alten, hinderlichen Beliefs durch neue positive Glaubenssätze ersetzen. Nimm dir wieder deine Notizen zur Hand und freue dich auf neue, positive Glaubenssätze! (In unserem vorherigen Beispiel wäre das nun: »Ich bin ausdauernd.« – »Ich bin widerstandsfähig.« – »Ich schaue auf mich.«)

➲ *Was du hier machst, ist eine Umprogrammierung deiner Glaubenssätze – keine Manipulation: Die Beliefs werden offen, positiv, ermutigend. Schluss mit den Einschränkungen! Und der positive Nutzen wird klarer. Spüre, was diese Umprogrammierung mit dir macht. Ist es leichter, motivierender, positiver? Stimmen diese Glaubenssätze nicht auch für dich?*

Einschränkende Beliefs wie beispielsweise »Das Leben ist nicht leicht« – »Ich bin zu dumm, zu dick etc.« – »Mich kann man nicht mögen« – »Alles ist sinnlos« erzeugen Trauer, Mutlosigkeit, Pessimismus. Es tut uns weh, die Sätze selbst tun uns weh. Und hier kommt auch wieder die Macht der Gedanken ins Spiel. Glaubenssätze sind in unserem Inneren so fest verankert, dass wir sie uns unbewusst 24 Stunden am Tag vorbeten und unsere Aufmerksamkeit darauf richten, diese Überzeugungen wahr werden zu lassen.

Kommen wir nun auf die logischen Ebenen zurück: Glaubenssätze beeinflussen die darunter liegenden Ebenen. Da können wir uns anstrengen, wie wir wollen – mit einem Glaubenssatz wie »Ich werde nie Erfolg haben« werden wir keinen Staat machen. Weil wir unser Handeln gar nicht als Erfolg wahrnehmen werden.

Bei Veränderungen ist es wichtig, dass wir ihnen Zeit geben und uns zwischendurch auch erlauben, einmal wieder dem alten Muster zu verfallen. Vor allem in Stresssituationen, wenn alles ganz schnell gehen muss, holen wir immer wieder alte Muster hervor. Aber genau in diesen Situationen wären die neuen Beliefs so hilfreich. Mach dir all das bewusst, lege los und akzeptiere Ausrutscher.

Wie heißt es so schön? Hinfallen, aufstehen, Krönchen richten, weiter machen – du wirst den Lohn dafür ernten!

Kapitel 4

Ziele

Ziele

Der Weg ist das Ziel
Konfuzius (551 v. Chr.–479 v. Chr.), chinesischer Philosoph

Den Großteil der Menschheit eint eine Sache: Der Wunsch nach Glück und erfülltem Leben. Das Streben nach Glück hat viele Gesichter und wird sehr unterschiedlich wahrgenommen. Wie wir unsere Ziele formulieren und verfolgen, hängt von unserer Vision, unseren Werten und Glaubenssätzen sowie unseren Strategien und Fähigkeiten ab.

Warum wir oft gar keine Ziele haben

Entscheidend bei der Zielsetzung ist die Klarheit darüber, was wir erreichen wollen. Unsere Vorhaben sollen uns unterstützen, unser volles Potenzial zu nutzen. Wenn wir uns nicht selbst Ziele setzen, werden es andere tun, und wir laufen nur mit. Fremde Ziele hindern uns oft, unsere Visionen umzusetzen. Du kannst dir selbst ausmalen, wie erfüllend das für dich sein wird.

Wir müssen zwischen den kurz- und mittelfristigen Zielen sowie den Lebenszielen unterscheiden. Erstere konzentrieren sich auf das, was wir in absehbarer Zeit erreichen wollen. Das Lebensziel entspricht unserer Vorstellung vom Leben, dem Sinn, den wir ihm geben. Es ist ganz wesentlich, diese Bedeutung für sich zu kennen. Wir merken immer wieder in Seminaren und in der Einzelberatung, dass oft klare Ziele, vor allem aber der Sinn fehlen, die man seinem Leben geben will.

Ziele zu haben, bedeutet oft, Veränderungen vorzunehmen, was wiederum bedeutet, Energie zu verbrauchen. Dazu muss man wissen, dass unser Gehirn jenes Organ ist, das am meisten Energie verbraucht. Automatisierte Gewohnheiten und Verhaltensmuster, wiederkehrende Abläufe (Zähneputzen, immer denselben Weg in die Arbeit gehen, Arbeitsabläufe etc.) sind eine Möglichkeit, Energie zu sparen.

Um dies zu lernen, muss der bioelektrische Strom zwischen ganz bestimmten Nervenzellen fließen. Nennen wir es das Autofahrerteam. Wenn du das erste Mal im Auto sitzt, gibt es noch keine neuronalen Verschaltungen für diesen Vorgang: Wo ist Gaspedal, Kupplung, was muss ich als Erstes machen? Es muss also ein neuer Trampelpfad zwischen den Nervenzellen des Autofahrerteams angelegt werden. In der nächsten Fahrstunde ist der Trampelpfad wieder fast vollständig zugewachsen. Erst durch stetige Wiederholung – bei dem einen sind es zehn Fahrstunden bei den anderen mehr –, entsteht daraus eine neuronale Autobahn. Wird aus Impuls eine feste Gewohnheit, wird sie im Unterbewusstsein gespeichert, und du musst nicht mehr bewusst darüber nachdenken. Die Zellen des Autofahrerteams sind nun fest miteinander verdrahtet. Autofahren funktioniert automatisch – oder denkst du noch daran, dass, sobald du bremst, du auch auf die Kupplung steigen musst?

Unser gesamter Alltag besteht aus Gewohnheiten. Wir stehen, laufen, atmen, verdauen, wir verhalten uns in Krisensituationen ähnlich. Eine Erklärung dafür, dass Vorsätze oft nicht umgesetzt werden, ist jene, dass ein Teil des Unterbewusstseins gar nicht will, dass du deine Gewohnheit änderst, weil dieses Verhalten Energie spart.

Um nicht dauernd vor uns schlecht dazustehen – und die immer gleichen Gewohnheiten weiterhin durchzuführen, bedienen wir uns folgender Hebel:

► Es werden keine konkreten Ziele formuliert.

► Schlechtes Verhalten wird weggeschoben und ignoriert.

► Wir schieben unsere Schwächen auf andere: »Mein Chef verhindert, dass ich mich verwirklichen kann.« – »Meine Freundin lässt mich nicht.« – »Die anderen sind Schuld.« Wir erfinden Ausreden, warum es jetzt nicht geht: »Ich kann mich erst scheiden lassen, wenn die Kinder größer sind.« – »Das ist so, weil ich in der Kindheit nicht geliebt wurde.«

Bleib dran und achte auf dieses Verhalten! Mach es dir bewusst – das ist der erste Schritt zu Veränderung. Du kannst jede Verhaltensweise zu einer Gewohnheit werden lassen – dafür benötigst du Wiederholungen und Pflege! Eine Faustregel besagt, dass wir 21 Tage benötigen, um etwas zur Gewohnheit werden zu lassen.

BEVOR WIR MIT KONKRETEN ZIELEN STARTEN, MÖCHTEN WIR DICH ZU EINER ÜBUNG EINLADEN

➡ *Bitte nimm dein Notizbuch zur Hand und sorge dafür, dass du zehn Minuten Zeit und Ruhe für diese Übung hast:*

1. *Stell dir vor, du bist 92 Jahre alt, bist geistig total fit und mit Altersweisheit gesegnet. Du sitzt auf deiner Terrasse (oder wo immer du dich auch mit 92 Jahren sehen möchtest) und blickst zufrieden auf dein Leben zurück.*

► *Wie ist dein Leben verlaufen? Was siehst du? Welche Bilder sollen auftauchen? Was spürst du? Riechst du?*

► *Bist du alleine oder ist jemand bei dir?*

► *Worauf würdest du gern zurückblicken können?*

► *Worauf bist du besonders stolz?*

► *Was macht dich momentan glücklich? Was hat dich glücklich gemacht?*

➔ *Schreib die Gedanken auf, die da kommen. Gib dir auch die Möglichkeit nachzuspüren, vielleicht kommen nach einigen Minuten noch wichtige Impulse und Gedanken. Nimm sie mit, es wäre schade um sie.*

2. Sobald du fertig bist, überlege dir folgende Fragen:

► *Was war mir bei meinen Überlegungen besonders wichtig?*

► *Worauf habe ich meinen Fokus in meinem Rückblick gelegt? Was war mir wesentlich? Welche Werte waren mir besonders wichtig?*

▸ *Waren es Lebensbereiche oder Lebensabschnitte? Kamen auch Gedanken, die nicht fröhlich und zufrieden machten?*

⊙ *Mach dir einige Notizen dazu.*

3. Und nun versuche folgende Fragen zu beantworten:

▸ *Wenn ich mir meine momentane Lebenssituation anschaue: Lebe ich nach diesen Werten oder liegt mein Fokus momentan woanders?*

▸ *Worauf richte ich zurzeit vorrangig meine Bemühungen?*

4. Reflektiere über deine neuen Erkenntnisse und mach dir ein paar Notizen in dein Buch. Hast du eine Idee, wie du diese wichtigen Elemente noch mehr in dein jetziges Leben integrieren kannst? Oder bist du in der glücklichen Lage, diese Werte bereits entsprechend in deinem Ist-Zustand eingebettet zu haben?

Meine Ziele

Prinzipiell gilt auf dem Weg zu deinen Zielen dasselbe wie bei so vielen anderen Dingen im Leben: Fokussiere deine Aufmerksamkeit auf das, was dich stärkt, und lass weg, was dich schwächt und hemmt.

Was anfänglich sehr banal klingt, ist sehr entscheidend. Was wollen wir eigentlich ohne Wenn und Aber? Wohin soll die Reise gehen? Was ist uns wichtig? Welchen Sinn geben wir dem Leben? Was steckt hinter unserem Verhalten?

Das herauszufinden ist bereits ein wichtiger Schritt. Wir können unser Potenzial nämlich viel besser ausschöpfen und nutzen für Dinge, die für uns auch einen Sinn und einen entsprechend hohen Stellenwert haben. Jeder von uns kennt die Menschen, die von Haus aus gar nicht so viele Ressourcen haben, die wenigen aber so gut nutzen, dass sie wunderbar vorankommen. Andere wiederum haben ein schier unerschöpfliches Potenzial zur Verfügung, schaffen es aber, nur einen Bruchteil davon zu nutzen. Wir sind mit der letzten Übung diesem angesprochenen Sinn bereits einen großen Schritt näher gekommen.

Bei der Zielfindung sind diese drei Fragen wesentlich:

► Was will ich?«

► Wohin will ich?«

► ... und mit wem?«

Hier ist die Reihenfolge wichtig, denn viele beginnen mit der dritten Frage und schränken somit sich und ihre Gedanken sowie Überlegungen ein.

EINE ÜBUNG ZUR SELBSTREFLEXIONSÜBUNG: WOMIT MESSEN WIR UNSER GLÜCK, UNSEREN ERFOLG?

Woran merken wir, dass wir unsere Ziele erreicht haben? Ist es der Kontostand oder sind es die Glücksmomente, die Erfolg ausmachen? Die Reisen, die wir machen, und die Freunde, die wir haben? Was sind die Momente im Leben, die uns zeigen, dass wir glücklich sind. Was sind deine Momente des Glücks? Was war der Auslöser?

Nimm dir zehn Minuten Zeit und Ruhe für diese Übung. Lass dich davon überraschen und beschenken, was da alles kommen mag. Bei manchen Erinnerungen werden vielleicht auch körperliche Reaktionen bemerkbar sein. Klienten erzählen uns von warmen, wohligen Gefühlen, ein Sich-Öffnen, ein Glucksen – das Unbewusste meldet sich mit diesen somatischen Markern.

Der Weg ist das Ziel
Finde Ziele, die dir helfen, dein Potenzial zu leben!

Was möchtest du erreichen – sei möglichst konkret und notiere Folgendes:

A. Deine Top-3-Ziele für die kommenden zwölf Monate:

1.

2.

3.

B. Deine Top-3-Ziele für die nächsten drei Jahre:

1.

2.

3.

Entscheidend ist, Ziele auch richtig zu formulieren und einen geeigneten Rahmen darum setzen. So können wir nochmals prüfen, ob wir mit dem Ziel auch wirklich das ausdrücken, was wir uns wünschen. Damit es das ist, was wir wollen und dem Sinn unseres Lebens entspricht. Mit wem will ich mein Ziel verfolgen, was muss ich dafür aufgeben? Was bekomme ich dazu? Alle diese Fragen wollen wir nun mit dem Zielrahmen klären.

Wie formuliere ich wirksam ein Ziel?

ÜBUNG

Setze dein Ziel in einen Rahmen – in deinen Rahmen!

➔ *Schau dir nochmals deine drei Ziele für dieses Jahr aus der letzten Übung an. Suche dir eines dieser drei Ziele für die Übung aus. Welches spricht dich am meisten an? Welches schreit förmlich nach Erreichung?*

Was ist dein Ziel?

_____

Wohin möchtest du?

_____

→ *Bitte überprüfe, ob dein Ziel positiv und nicht negativ formuliert ist. Beispiele für ein negativ formuliertes Ziel: »Ich will keinen Stress mehr haben.« – »Ich will nicht immer für alles zuständig sein.« – »Ich will nicht mehr ...« Wir formulieren immer positiv, wohin wir wollen: »Ich möchte mehr Freizeit, mehr Gesundheit etc.« Negativ formulierte Ziele kann unser Unterbewusstsein nicht erkennen. Es kennt keine Negierung. Zur besseren Verdeutlichung: »Denke jetzt nicht an einen rosa Elefanten!«*

Formuliere also dein Ziel bitte gegebenenfalls in ein positiv formuliertes Ziel um.

_____

_____

_____

Wir legen den Fokus also darauf, wohin wir wollen – anstatt nur das aufzuzählen, was wir alles nicht mehr wollen. Je konkreter, desto besser. »Ich nehme mir bewusst Auszeiten, in denen ich ...«

Was möchtest du jetzt (in der Gegenwart formuliert) erreichen?

_____

Du hast es in der Hand. Dein Ziel muss ganz allein in deiner Verantwortung liegen. Du kannst nicht andere für dessen Erreichung verantwortlich machen, denn du selbst hast die Hände am Steuer. Denk dran, es gibt kein: »Wenn die anderen ..., dann ...«

Der Zielrahmen

Nun haben wir ein Ziel für unseren Zielrahmen gefunden. Jetzt geht es darum, in der folgenden Übung diesen Zielrahmen für dein Ziel festzulegen.

Nimm dir ausreichend Zeit – mindestens eine halbe Stunde – und gehe die folgenden Fragen und Rahmenbedingungen für dein Ziel durch. Du wirst bemerken, wie hilfreich diese Fragen sind, um Klarheit über deine Ziele zu gewinnen. Du wirst mit gewissen Widersprüchen gerechnet haben, andere Inputs werden vollkommen neu für dich sein.

ÜBUNG

Nimm dir die Zeit und gehe in Ruhe die nun folgenden fünf Zielelemente durch. Wird sich dein Ziel nochmals verändern/an die Gegebenheiten anpassen/optimieren? Finde es heraus!

1. *Evidenz: So tun, als ob. Der Fünf-Sinne-Check*

2. *Kontext: In welchem Zusammenhang? Mit wem, wie, wann und wie oft möchte ich mein Ziel leben?*

3. *Ökologie: Was sind die Konsequenzen aus der Veränderung?*

4. *Nutzen: Welchen Nutzen hatte das alte Verhalten/die alte Situation?*

5. *Bedingungen: Welche Voraussetzungen muss es geben, um das Ziel erreichen zu können?*

1. Evidenz

Tun wir so, als hätten wir unser Ziel bereits erreicht:

▸ *Wie sieht es aus?*

▸ *Wie hört es sich an?*

▸ *Fühlt es sich besonders an?*

▸ *Riecht es?*

▸ *Schmeckt es?*

Wir checken unsere fünf Sinne (Sehen, Hören, Fühlen, Schmecken, Riechen) ab – es ist aber natürlich klar, dass nicht alles schmecken oder riechen muss – es soll kein Stress für dich werden, wenn sich zu deinem beruflichen Ziel einfach kein Geschmack einstellen will!

2. Kontext

Nicht jedes Ziel ist für alle Situationen geeignet. Darum ist es entscheidend, den Kontext, in dem das Ziel gelebt werden soll, zu definieren:

- ▶ *Womit?*

- ▶ *Mit wem?*

- ▶ *Wo?*

- ▶ *Wann?*

- ▶ *Wie oft?*

3. Ökologie

Jede Veränderung bringt Konsequenzen mit sich:

- ▶ *Wie verändert sich mein Leben, wenn ich das Ziel erreicht habe?*

- ▶ *Wie ist es für mich und andere, wenn ich das Ziel erreicht habe?*

- ▶ *Was ist der Preis, den ich dafür zahlen muss? (Was habe ich für mein Ziel aufgegeben, worauf verzichte ich?)*

- ▶ *Was bekomme ich dafür?*

4. Nutzen

- ▶ *Welchen Nutzen hatte das alte Verhalten, der alte Zustand?*

- ▶ *Welche positive Absicht steckte dahinter?*

▸ *Ist dieser Nutzen auch im neuen Ziel enthalten?*

▸ *Bin ich bereit, mein bisheriges Verhalten aufzuheben, oder finde ich einen anderen Weg, wie ich dessen Nutzen in meinem Leben halten kann?*

Bedingungen, um das Ziel zu erreichen

▸ *Was hindert mich daran, das angestrebte Ziel zu erreichen?*

▸ *Welche Überzeugungen sind notwendig, um es zu erreichen?*

▸ *Welche neuen Schritte muss ich setzen und welcher ist der erste Schritt?*

▸ *Welche Verhaltensweisen muss ich ablegen/verändern/erwerben?*

Welche Erkenntnisse hast du aus der Übung gewonnen? Wie sieht dein konkretes Ziel nun aus? Welche ersten Schritte hast du für dich definiert?

_____

Meine ersten drei Schritte:

1. _____

2. _____

3. _____

Benötigst du noch etwas für dieses Ziel? Dann definiere ein Zwischenziel hierfür!

Welche Schritte sind dafür noch notwendig?

Du hast nun einen ganz entscheidenden Schritt gesetzt, die Rahmenbedingungen festgelegt, hast dich entschieden und hast über die Zielsetzung Klarheit gewonnen.

Wenn wir Klienten nach ihren Zielen fragen, kommen oft automatisch Erklärungen, wieso es zur Zeit gerade nicht möglich ist, ein Ziel zu erreichen. Oder warum es gerade um andere Dinge geht. Es kommen auch Antworten, dass Ziele nicht wichtig sind, weil man ohnehin nie zufrieden mit sich selbst sein kann. Wieder andere haben ein klares Ziel vor Augen, aber mit dem Fokus darauf gerichtet, was man nicht mehr möchte. Man ist also damit beschäftigt, ständig daran zu denken, was man nicht mehr haben möchte. Wie wir beim Zielrahmen schon gesehen haben, ist es ganz wichtig, sein Ziel positiv zu formulieren. So haben wir den Fokus optimal nach vorne, zum Positiven hin ausgerichtet.

Wenn wir uns nun für eine Richtung, für ein Ziel entschieden haben, können Ziele eine richtig magnetische Wirkung haben. Die Klarheit über das Ziel unterstützt eine fokussierte Wahrnehmung. Wir nehmen in der Zeitspanne der Unsicherheit und Unklarheit Informationen selektiver zugunsten des Zieles wahr. Wir erkennen Chancen deutlicher, filtern Nachrichten und stimmen unsere Aktivitäten im Sinne der Zielerreichung ab. Hier siehst du ganz klar, wie wesentlich es ist, ein Ziel zu haben, es klar zu formulieren und sich seines Zielrahmens bewusst zu sein. Ein solches Ziel muss sich auch für mich lohnen – der Preis soll nicht höher sein als das, was ich dafür bekomme. Es gilt auch immer zu hinterfragen: Ist es nun das eigene Ziel, das ich verfolge, oder das einer anderen Person, meines Partners, meiner Eltern …?

Wir empfehlen dir regelmäßige Selbstreflexion. Wie weit bin ich schon, was sind die nächsten Schritte? Gehört mein Rahmen der Situation angepasst oder entspricht er noch den Bedingungen?

Eine Wertung deiner Ziele ist ebenso wichtig: Welche Ziele haben hohe Priorität und welche sind nicht so wichtig? Gestalte deine Zielscheibe und trage deine Ziele aus heutiger Sicht ein. Bitte geh stets der Reihe nach vor, deine Situation ändert sich jeweils mit der Veränderung/ mit der Erreichung eines deiner Ziele. Es gilt, immer aktuell zu bleiben!

  Trage deine Ziele nach Prioritäten ein: Von »top priority« bis »nice to have«

Anreize und Belohnungen

Ein Anreiz ist stärker, wenn ich ihn selbst entwickelt habe, als wenn er von außen kommt. Anreize, also Prämien oder Belohnungen für das Erreichen von Zielen helfen daher sehr oft weiter. Was würde dich denn ansprechen?

  Gestalte dein persönliches Belohnungssystem: Was lässt dein Herz höher schlagen? Keine Vernunftentscheidungen – echte Belohnungen!

Zum Abschluss dieses Kapitels noch ein praktikabler Vorschlag, der schon die eine und den anderen beflügelt und den Leistungsdruck genommen hat: Wenn du aufhörst zu glauben, immer Recht haben zu müssen, wirst du ein Gefühl der Freiheit gewinnen. Nimm nicht alle Themen der anderen auf, die dich hinunterdrücken und niemanden sonst voran bringen. Lass so manche Sache auch einmal sein. Kommentiere nicht immer Dinge, um zu zeigen, dass du die Sache durchschaut hast, etwas schlecht findest. Das alles raubt sehr viel Energien, die du besser für Dinge verwenden kannst, die dir am Herzen liegen, in denen du einen Sinn sehen, an denen du dich erfreuen kannst!

Fantasiereise zur Unterstützung bei der Zielerreichung:
Download unter www.resetyourselfplus.at/buch

Kapitel 5
Resilienz – mein innerer Schutzschild

Resilienz – mein innerer Schutzschild

Auch aus Steinen, die einem in den Weg gelegt werden, kann man Schönes bauen.
Johann Wolfgang von Goethe (1749 –1832)

Jeder Mensch ist in seinem Leben mit Belastungen, Stress und/oder Schicksalsschlägen konfrontiert. Aber nicht jeder geht mit solchen Situationen gleich um. Woran liegt es, dass manche Menschen Krisen und schwere Lebensaufgaben nahezu unbeschadet bewältigen und auch noch gestärkt und mit Zuversicht aus ihnen hervorgehen? Was lässt sie psychisch widerstandsfähiger sein? Und wie unterscheiden sie sich von den Menschen, die sich nach Krisen nur schwer regenerieren bzw. sogar daran zerbrechen? Diesen Unterschied macht die sogenannte Resilienz aus – damit ist die Fähigkeit gemeint, Krisen und schwierige Situationen zu bewältigen und sie durch Abruf der persönlichen und sozialen Ressourcen als Möglichkeit für Entwicklungen zu nutzen. Resilienz bekommt – auch in Zeiten ohne Krisen – immer mehr Bedeutung. Wir wollen dich einerseits dabei unterstützen, deine Widerstandskraft zu stärken, andererseits aber sind wir der Meinung, dass die Schlüsselfaktoren der Resilienz auch allgemein gültig sind und einen positiven Effekt auf unser Wohlbefinden haben.

Krisen meistern und gestärkt daraus hervorgehen

Das Stehaufmännchen, das man nicht zu Fall zu bringen kann – auch bei äußeren Auslösern pendelt es sich wieder ein, kommt in sein Gleichgewicht und bringt sich also selbst wieder auf die Beine. In unserem Zusammenhang soll diese Metapher aber kein Packesel sein, der alles erträgt und von dem alles infolge abverlangt wird. Der Fokus liegt darauf, aus eigener Kraft und gestärkt von den eigenen Ressourcen stehen zu bleiben und seine Kraft positiv zu nutzen.

Hinter dem Resilienzkonzept steht eine Reihe von Studien, die sich mit der Frage beschäftigt, was dazu führt, dass ein Mensch Niederlagen, Krisen und andere Widrigkeiten gut übersteht. Das Augenmerk wurde auf die Menschen gelegt, die trotz schlechter Rahmenbedingungen offenbar keinen Schaden davontrugen. Die Forscher evaluierten Faktoren, die diese Gruppe verband, und analysierten, welche dieser Faktoren die Widerstandsfähigkeit eines Menschen positiv beeinflussen können.

Das Resilienzkonzept

Emmy Werner, eine amerikanische Entwicklungspsychologin, hat in den 1950er-Jahren im Zuge einer Langzeitstudie über 40 Jahre lang rund 700 Hawaiianer von Geburt an begleitet, ihren Werdegang und ihre Entwicklung beobachtet und analysiert. 30 Prozent der Kinder wuchsen unter sehr schwierigen Bedingungen auf. Sie waren mit Armut, Krankheit der Eltern, Vernachlässigung und teilweise Misshandlungen konfrontiert. Genau diesen Kindern und ihrer Entwicklung galt Werners Aufmerksamkeit. Haben diese Kinder eine Chance auf ein zufriedenes, problemfreies Leben? Etwa zwei Drittel der belasteten Kinder mussten mit negativen Konsequenzen wie etwa Lern- und Verhaltensproblemen, Gesetzeskonflikten sowie psychischen Problemen leben. Aber ein Drittel der 210 Risikokinder entwickelte sich erstaunlich positiv – sie wuchsen zu gestärkten, widerstandsfähigen Erwachsenen heran. Die beobachtete Resilienz veränderte sich im Lauf der Zeit und im Zuge unterschiedlicher Umweltfaktoren. Emmy Werner zog daraus den Schluss, dass Resilienz nicht angeboren, sondern erlernbar ist.

Maddi Salvatore von der Universität Chicago und sein Team führten in den 1970er-Jahren eine weitere Studie in diesem Forschungsfeld durch. Zwölf Jahre lang untersuchten sie 450 Manager einer amerikanischen Telefongesellschaft. Diese Zeit war in dem Unternehmen von vielen Veränderungen, wie Massenkündigungen, sinkenden Absatzzahlen, aufgebrachten Aktionären und unsicheren Kunden geprägt. Viele der untersuchten Personen glitten in Krankheit, Sucht, Unproduktivität ab. Die Krankenstände stiegen, die Performance sank. Auch hier blieb wieder ungefähr ein Drittel gesund und zufrieden. Sie brachten weiterhin gute Leistungen und schienen immun gegen die sich immens verschlechternden Bedingungen im Unternehmen zu sein. Einige der 450 Manager der laufenden Studie wurden in dieser Zeit gekündigt – auch hier konnte ein Drittel diese Veränderung als Chance sehen und sich entsprechend dieser Kriterien auf die eigenen Beine stellen und neue, erfolgreiche Wege einschlagen.

Salvatore und sein Team haben drei vorherrschende Qualitäten dieses Drittels herausgearbeitet:

▶ Diese Mitarbeiter haben beschlossen, weiterhin ihr Bestes zu geben, um erfolgreich zu bleiben.

▶ Sie haben daran geglaubt, dass sie einen Einfluss auf die Ergebnisse haben, und haben sich Ziele gesteckt.

▶ Sie haben einerseits die Kontrolle über ihr Tun behalten und andererseits auch die Kontrolle darüber, wie sie dem Druck antworten. Die negativen Erfahrungen haben sie zu einem Aktionsplan verleitet, der sie weniger verwundbar macht.

Auf Basis dieser wissenschaftlichen Erkenntnisse wurden sieben Schlüsselfaktoren formuliert, die sich positiv auf die innere Widerstandsfähigkeit eines Menschen auswirken. Und das Gute daran: Sie sind trainier- und förderbar!

Die sieben Schlüsselfaktoren der Resilienz

1. AKZEPTANZ: Akzeptiere bereits Vergangenes – vorbei ist vorbei. Nimm an, was passiert ist, und nutze die Chance zur Veränderung. Alle deine Erfahrungen machen dich zu dem Menschen, der du heute bist! Es bringt wenig, in der Vergangenheit herumzustochern. Richte deine Energie besser nach vorne und sieh zu, was ab jetzt anders werden soll und wie du das konkret umsetzen kannst. Zum Akzeptieren gehört auch das Loslassen – lass los, wenn die Zeit dafür gekommen ist: »It is, what it is.«

2. OPTIMISMUS: Du bist überzeugt, dass es immer wieder bergauf geht. Krisen sind zeitlich begrenzt und können überwunden werden. Du kannst auf das, was passiert, Einfluss nehmen. Die Situation ist schwierig, aber es gibt auch ein Morgen. Optimismus bedeutet nicht, dass wir uns alle eine rosa Brille aufsetzen sollen, und dann ist wieder alles gut. Es ist nützlich, den Fokus nicht nur auf das Negative zu legen, sondern sehr wohl auch das Positive im Auge zu behalten.

3. RESSOURCENBEWUSSTSEIN: Sei dir deiner Fähigkeiten und Stärken bewusst. Trotz der schwierigen Situation kannst du dein Ziel erreichen. Achte auf deine eigenen Bedürfnisse und gehe deinen Weg. Auch wenn du vielleicht in manchen Situationen anfangs Unterstützung brauchst: Hab Vertrauen in deine Fähigkeiten und traue dir die Dinge zu!

4. VERANTWORTUNG: Stärke deine Eigenverantwortung und verlasse die Opferrolle. Erkenne deine Leistungsgrenzen. Menschen, die Verantwortung auf sich nehmen, können meist gut über sich selbst reflektieren, überprüfen ihre inneren Überzeugungen, können aus Fehlern lernen und betrachten Situationen nicht einseitig, sondern aus mehreren Perspektiven.

5. NETZWERKORIENTIERUNG: Warte nicht zu lange. Erkenne, was du aktiv angehen kannst und wo du Unterstützung benötigst. Suche dir Hilfe und nimm sie auch an. Resiliente Menschen sind im Fall der Fälle nicht auf sich allein gestellt, sondern sie können ihr soziales und auch berufliches Umfeld nutzen.

6. LÖSUNGSFOKUSSIERUNG: Werde aktiv! Richte deinen Blick auf die Lösung und lege los. Probleme sind da, um gelöst zu werden. Es wird von niemandem erwartet, sofort eine Lösung parat zu haben. Der Fokus liegt auf dem Lösungsraum in der Zukunft. Das heißt: Zeit und Raum muss gegeben werden, um Lösungsansätze zu entwickeln und ihre entsprechenden Auswirkungen zu hinterfragen.

7. ZUKUNFTSFOKUSSIERUNG: Erkenne deine Möglichkeiten und nimm deine Chancen wahr. Plane und gestalte dein Leben und setze dich dafür ein, dass du deine Pläne in die Tat umsetzt.

➔ *Nimm Dir kurz Zeit und schaue dir diese sieben Faktoren noch einmal genauer an. Bei welchen bist du schon sehr weit, bei welchen hast du noch Luft nach oben? Kannst du Dinge gut annehmen und akzeptieren? Vertraust du darauf, dass es auch wieder besser wird? Hast du den Eindruck, dass du den Herausforderungen des Lebens gut gewachsen bist? Stellst du dich der Verantwortung? Kannst du ein Netzwerk um Unterstützung bitten? Bist du lösungsorientiert und richtest den Blick in die Zukunft? Schreibe dir deine Gedanken dazu in dein Buch.*

Wir werden dir im folgenden Teil noch einige Übungen und Stützen zur Selbstreflexion zu den einzelnen Faktoren anbieten. Entscheide selbst, welche für dich relevant und nützlich sind. Nimm dir für jede Übung genug Zeit und ziehe dich dafür an einen ruhigen Platz zurück. Bitte, nimm dir auch dein Notizbuch mit und schreibe deine Ergebnisse und Erkenntnisse auf. Es ist sehr zielführend und nachhaltig, wenn du dir deine Eintragungen immer wieder durchliest. Du kannst Fortschritte festmachen und dir werden auch immer wieder neue Aspekte auffallen.

Selbstreflexion

Dieser Prozess ist mit den Übungen in diesem Buch nicht abgeschlossen. Deine Resilienz kannst du dein ganzes Leben lang bereichern und verstärken – was unserer Meinung nach sehr beruhigend ist. Mit dem Alter dauert das Erlernen neuer Fähigkeiten vielleicht länger, aber lebenslanges Lernen ist wichtig. Resilienz wird dich in vielen Bereichen des Lebens unterstützen und fördern – und in allen Lebensabschnitten.

ÜBUNG

➔ *Nimm bitte dein Buch zur Hand und bewerte auf einer Skala von eins bis zehn deine Widerstandskraft. Wo siehst du dich heute? Wie zeigt sich diese Resilienz für dich? Mach es dir gemütlich und nimm dir die Zeit, diese Situation zu reflektieren. Erinnere dich an eine vergangene Krise oder eine schwierige Situation in deinem Leben, die du gut überstanden hast. Welche Erinnerungen kommen dir ad hoc in den Sinn? Was hat diese schwierige Situation ausgemacht?*

Wir haben für dich eine Liste zusammengestellt, die dich bei der Reflexion unterstützen soll. Bitte, mach dir Notizen in dein persönliches Büchlein. Betrachte die folgenden Fragen als Vorschläge und wähle jene, die für dich wichtig sind. Welche Fragen erzeugen in dir Bilder und Gefühle? Nutze die Übung dazu, alles festzuhalten. Diese Seiten in deinem Buch wirst du dir oft ansehen und darauf zurückkommen, denn die folgende Übung ist sehr nachhaltig!

Die Fragen umfassen folgende Bereiche:

► Ressourcen, die dich stärken und unterstützen

► Positive Learnings aus der Situation

► Netzwerke, die dir privat und beruflich zur Unterstützung zur Verfügung stehen. Wichtig dabei: Wer ist hilfreich? Wer stärkt dich?

► Ressourcen und Möglichkeiten, die du erst schaffen musst

Nun zu den Fragen, aus denen du wählen kannst:

► *Was hat mir geholfen, aus der schwierigen Situation zu kommen?*

► *Welche Ressourcen und Stärken waren greifbar für mich?*

► *Was hilft mir auch aktuell in schwierigen Situationen?*

► *Welche war meine stärkste innere Ressource/Fähigkeit?*

► *Wie war die Unterstützung von außen? Wer hat mich unterstützt? Wer war auch wirklich eine Hilfe?*

► *Welche dieser Ressourcen/Fähigkeiten stehen mir auch heute noch zu Verfügung?*

► *Welche Schritte habe ich damals gesetzt? (Skizziere sie kurz.) Was waren entscheidende Momente für mich?*

► *Was habe ich aus dieser Zeit an Positivem mitgenommen?*

► *Was hat mir die Kraft dafür gegeben?*

▶ *Gab es aus dieser Situation heraus eine Veränderung in meinem Sportverhalten/*
  Bewegung?

▶ *Habe ich aufgrund dieser Krise meine Ernährung (Ess- und Trinkverhalten) verändert?*

▶ *Woran habe ich bemerkt, dass die Krise geschafft und überwunden ist?*

▶ *Wie hat es mein Umfeld bemerkt?*

Den ersten Teil hast du geschafft. Nun nehmen wir einen Perspektivenwechsel zur aktuellen Situation vor. Denn wie auch schon Antoine de Saint-Exupéry sagte: »Um klar zu sehen, genügt oft ein Wechsel der Blickrichtung.«

Bitte, beantworte in einem nächsten Schritt folgende Fragen:

▶ *Was stärkt mich heute?*

▶ *Was sind meine stärksten Ressourcen/Fähigkeiten?*

▶ *Welche Stärken erkennen andere an mir?*

Diese Übung beschreibt sehr gut das Vorhandensein und das Zusammenspiel deiner Ressourcen, die aus deinen Erfahrungen, deinem Netzwerk sowie aus deiner Persönlichkeit resultieren. Sie soll dir helfen, dir deiner Stärken, Ressourcen und deines Netzwerkes bewusst zu werden.

▶ *Was ist hilfreich? Was stärkt mir den Rücken?*

▶ *Was würde mir noch helfen, mich unterstützen?*

Zusätzlich zeigt es dir auch, dass Krisen zeitlich begrenzt sind und überwunden werden können. Durch diese Neuorientierung an den Ressourcen unterbricht man auch die Fixierung auf die Krise.

Resilienz ist nicht angeboren. Der Grundstein für eine hohe innere Widerstandskraft wird aber in der Kindheit gelegt und wird von einigen Faktoren begünstigt.

Gute Voraussetzungen sind

► Eine enge emotionale Bindung zu mindestens einer Bezugsperson, von der auch Zuversicht und Zuverlässigkeit vermittelt wird.

► Gelebter Respekt und als Persönlichkeit akzeptiert zu werden. Positives Feedback auf sein eigenes aufgeschlossenes Verhalten sowie auf ein gutes Problemlösungsverhalten.

► Erlebte Unterstützung von unserem Umfeld bei dem, was wir tun. Sei es von der Familie, von Lehrern, Freunden, Älteren etc.

Mit der Studie von Emmy Werner konnte gezeigt werden, dass Resilienz – auch wenn derartige Voraussetzungen in der Kindheit nicht oder kaum gegeben waren – sehr wohl möglich ist. Viele der Faktoren, die sich günstig auf die Resilienz auswirken, sind förder- und trainierbar. Die sieben Schlüsselfaktoren helfen uns dabei, zu mehr innerer Stärke zu gelangen. Wir haben also die Möglichkeit, uns stets – auch in Bezug auf unsere innere Widerstandskraft – weiterzuentwickeln und die Resilienz ein Leben lang zu stärken.

Bedienungsanleitung für Krisen

Krisen werden als sehr einschneidend und bedrohlich empfunden. Sie stören unseren gewohnten Ablauf, die Balance geht verloren und Selbstverständliches wird infrage gestellt. Bewährte Lösungsstrategien greifen nicht.

Wesentlich beim Umgang mit einer Krise ist, wie man diese Ereignisse und seine eigenen Handlungsmöglichkeiten und Ressourcen bewertet. Die Bewertung erfolgt anhand von Grundannahmen und Erfahrungen. Gehen wir zuversichtlich oder ängstlich an die Sache heran? Hier spielt ein starker Selbstwert eine entscheidende Rolle – wie ich meine Werte, Möglichkeiten und Fähigkeiten selbst einschätze. Relevant dabei ist auch, wie man bisher schwierige Situationen gemeistert hat. Welche Erfahrungen habe ich im Lauf meines Lebens gemacht? Wie schätze ich selbst meine eigene Widerstandskraft ein?

ÜBUNG

→ *Denke an das Kapitel mit den Zielen zurück: Tu so, also wärst du total resilient. Die visuellen unter uns können sich gleich ihr persönliches Superman-Kostüm schneidern und sich schon einmal startklar machen. Andere begeben sich siegessicher in ihren Sessel, um sich entsprechend zu platzieren. Stichwort: Hände hinter dem Kopf verschränken und den Kopf zurücklehnen – so sehen echte Sieger aus!*

→ *Spiele mit der Physiologie und jetzt los: Groß machen, Brust raus, Bauch rein. Starke Haltung, hier komme ich! Welche Ideen sind dir gekommen, welche Vorstellungen stärken dich? Welche Physiologie? Nimm dir ein paar Minuten Zeit, um deine Ideen und Gedanken in diesem Augenblick festzuhalten. Achte auch auf dein Gefühl – was kommt dir ganz spontan in den Sinn? Vielleicht ist dein Notizbuch heute auch um eine Supermanfigur reicher …*

→ *Nutze die Chance, um dich weiterzuentwickeln, neue Strategien zu finden und diese auch erfolgreich umzusetzen. Hier sind Eigeninitiative und Selbstverantwortung gefordert!*

→ *Wenn du aktuell in einer Krise oder in einer Problemsituation steckst, reflektiere deine Situation bestmöglich – das wird dir helfen, die nächsten Schritte zu setzen und auch die Situation realistisch einschätzen zu können. Es wird dir helfen zu sehen, welche Herausforderungen du bereits bewältigt hast, was alles da ist und wo noch Handlungsbedarf besteht. Nimm dir die Fragen zur Selbstreflexion von diesem Kapitel ein paar Seiten davor zur Hand – sie werden dich bei dieser Übung unterstützen! Lies dir diese Fragen bewusst durch und notiere dir die für dich entscheidenden Fragestellungen in deinem Buch. Sie werden dir auch zukünftig als Reflexionsstütze dienen und mit der Zeit automatisch ablaufen.*

Was zeichnet resiliente Menschen aus

Resiliente Menschen setzen sich keine rosarote Brille auf und verdrängen ihre Probleme nicht. Vielmehr gehen sie konstruktiv mit der Situation um und suchen sich einen Weg und eine Möglichkeit, um sich selbst aktiv aus dem Sumpf wieder aus der Krise herauszuziehen, sie zu verarbeiten und gestärkt daraus hervorzugehen.

Viele Menschen werden entweder zum Opfer oder verfallen in eine Art Starre. Andere wiederum suchen die Schuld für die Krise bei sich und stecken ihre ganze Kraft und Energie in dieses Leid. Resiliente Menschen aber handeln eben anders: Sie suchen aktiv nach Auswegen aus dieser Situation. Analysieren und schmieden Pläne. Sie akzeptieren die Tatsachen, betrachten sie aus mehreren Blickwinkeln und richten ihren Blick optimistisch auf die Lösung bzw. die Zukunft. Sie sind sich ihrer Fähigkeiten und Stärken bewusst und nutzen auch ihr Netzwerk. Dieser Fokus raubt der Krise das Gewicht – die Krise bleibt etwas zeitlich abgegrenztes, ein Teilabschnitt, den man hinter sich lassen kann und sich auch etwas Positives daraus mitnehmen kann. Denn sie bestimmen selbst, wie sie auf andere und auf Umstände reagieren und wie sie mit ihnen umgehen.

Denke nochmals an die vorherige Einschätzung deiner eigenen Resilienz. Welche Schlüsselfaktoren hast du besser, welche schlechter beurteilt? Wir möchten dir jetzt zu den einzelnen Faktoren ein paar Übungen und Denkansätze vorstellen, die dir helfen können, die für dich relevanten Faktoren noch zu verbessern.

ÜBUNGEN

Auf den folgenden Seiten stellen wir dir einige Übungen und auch eine Fantasiereise zur Auswahl, wobei wir selbstverständlich keinen Anspruch auf Vollständigkeit stellen können. Es handelt sich hier um einen kleinen Auszug, der im Zuge von Selbstreflexion gut funktionieren wird. Im Coaching und in der Beratung steht uns ohne Zweifel eine größere Auswahl an Möglichkeiten zu Verfügung – sie würden aber den Rahmen dieses Buches sprengen.

AKZEPTANZ: POSITIVE ASPEKTE FINDEN

➡ *Gibt es Ereignisse, die in der Vergangenheit passiert sind und die dich noch immer in Ärger versetzen und beschäftigen? Gibt es Veränderungen in deinem Leben, die du bis heute nicht akzeptiert hast, aber auch nicht ändern kannst?*

▸ *Mach dir eine Liste von unabänderlichen Erfahrungen, die du gemacht hast. Setze zu den einzelnen Punkten den Zusatz »unabänderlich, aber …«*

▸ *Lass in der jeweiligen Zeile genug Platz und überlege dir die positiven Aspekte dazu. Wie kannst du diese Situation bestmöglich nutzen? Welche positiven Aspekte bringt sie mit sich? Welche Freiheiten entstehen für dich?*

▸ *Betrachte die Situation aus verschiedenen Blickwinkeln (zum Beispiel als Beobachter) und lass dich überraschen, wie viel Gutes in ihr steckt. Was war auch gut zurückzulassen?*

EIN BEISPIEL AUS DER PRAXIS

Auch im täglichen Leben fällt es uns oft schwer, Unvorhergesehenes zu akzeptieren. Klientin M. hat einen schönen Abend mit ihrem Freund geplant, auf den sie sich schon sehr freut und für den sie bereits alle Vorbereitungen abgeschlossen hat. Doch dann kommt ein Anruf, dass sich ihr Freund leider verspäten wird, weil er einen Arbeitskollegen noch nach Hause bringen muss. Der Kollege hat eine Autopanne. Aus der Ferne betrachtet: verständlich und ein netter Zug des Freundes.

M. hingegen ist am Telefon sichtlich gereizt. Das Gespräch spitzt sich zu, und es kommt zum Vorwurf: »Nie kommst du pünktlich. Immer muss ich …« – wir alle kennen diese verallgemeinernden Beschuldigungen, die für einen Streit wunderbar geeignet sind. Nach dem Eintreffen des zuvor so sehnlich Erwarteten, ist die Romantik des Abends, nun ja, mäßig – die Luft im Raum dick, und keiner hat mehr Hunger. M. fühlt sich um den romantischen Abend gebracht. Ihr Freund ist sauer, weil er sich eine ganze Reihe von Beschuldigungen anhören muss. Der Abend ist gelaufen. Wenn wir uns bei der Nase nehmen, werden wir nicht sehr lange brauchen, um ähnliche Erfahrungen aus unserem eigenen Erfahrungsschatz abrufen zu können, oder?

Der US-amerikanische Psychologe Marshall Rosenberg, Entwickler der »Gewaltfreien Kommunikation« bietet uns mit seinem Konzept eine etwas andere Kommunikationstechnik, die vereinfacht gesagt aus vier Schritten besteht.

Eskalation kann vermieden werden, womit die Wahrscheinlichkeit enorm steigt, das zu bekommen, wonach uns eigentlich in Wahrheit ist. Man kann Situationen hinterfragen und für sich klären – warum sträube ich mich dermaßen gegen etwas, wieso kann ich Dinge nicht akzeptieren und annehmen? Was liegt eigentlich dahinter? Gleichzeitig vermeide ich unnötige Anschuldigen, Streitereien und Verallgemeinerungen. Die »gewaltfreie Kommunikation« nach Rosenberg erweitert unsere Wahl- und Reaktionsmöglichkeiten und zeigt uns auch auf, dass wir Verantwortung für unser Tun und unsere Rolle im Konflikt tragen. Wir möchten hier einen kurzen Überblick geben und fassen die gewaltfreie Kommunikation nach Rosenberg mit ihren vier Schritten kurz zusammen:

1. Beobachten und beschreiben, was passiert ist – ohne zu bewerten:

▸ *Was war genau der Auslöser, auf den ich reagiert habe? Was habe ich gesehen und gehört? Ich beschreibe die Tatsache und bewerte nicht.*

▸ *Wie hat der andere die Situation erlebt und wo war sein Auslöser?*

2. Fühlen, ohne zu interpretieren.

▸ *Was fühle ich? Was fühlt der andere?*

▸ *»Ich fühle mich traurig, frustriert, betroffen, ängstlich, etc.« Ich kommuniziere, wie ich mich fühle ohne die Situation in dieser Emotion zu interpretieren wie beispielsweise: »Dir sind immer alle wichtiger als ich.«*

3. Bedürfnisse – statt Strategien: Das Gefühl wird als Signalgeber für mein Bedürfnis genutzt. Welches meiner Bedürfnisse wird mit dieser Situation nicht erfüllt?

▸ *Was brauche ich? Beispielsweise Sicherheit, Freiheit, Würde oder Geborgenheit.*

4. Was konkret möchte ich jetzt tun oder möchte ich, dass mein Konfliktpartner macht – in Bezug auf mein unerfülltes Bedürfnis.

▸ *Formuliere eine klare Bitte für eine konkrete Handlung. Der Formulierung kommt hier große Bedeutung zu – klar, konkret, deutlich und nicht fordernd.*

EIN BEISPIEL AUS DER PRAXIS

Ein Klient erzählt von einer Mitarbeiterin, die zwar hochqualifiziert ist, aber ihn mit ihrem Verhalten und ihrer Arbeitsweise extrem belastet. Im Gespräch wurden die Details vertieft, und es hat sich herausgestellt, dass sich der Klient in seiner Position als Chef übergangen fühlt. Sein Bedürfnis nach Wahrgenommen-Werden wurde nicht erfüllt. Diese Erkenntnis hat dem Klienten viele Türen geöffnet und so einige Blockaden gelöst. In diesem Fall haben wir die vier oben genannten Schritte der Akzeptanz des Unabänderlichen (interne Strukturen, langjährige Mitarbeiterin, die Veränderungen ablehnt etc.) kombiniert mit der Selbstreflexion des Klienten: Akzeptieren, was nicht zu ändern ist, und hervorstreichen, was der positive Nutzen dieser Mitarbeiterin sein kann. Was kann sie am besten für die Abteilung erreichen? Mit diesem Vorgehen war das gespannte Verhältnis der beiden Geschichte. Die Produktivität der Abteilung wurde gesteigert, und das Wichtigste: Jeder hat sich in seiner Haut wieder wohlgefühlt und konnte sich auf die Arbeit konzentrieren.

Wichtige Veränderungen in meinem Leben

→ *Nimm dir Zeit und denke an all die Krisen und großen Veränderungen, die du in deinem Leben schon überstanden hast. Und die Welt dreht sich noch immer! Mit welchen Veränderungen und Krisen rechnest du noch in deinem Leben? Was ist absehbar für dich?*

→ *Nimm dir dein Notizbuch zur Hand und schreibe dir zu jeder Krise/Veränderung auf, was für dich dabei besonders bedeutsam ist und war.*

▸ *Wie hast du den Übergang erlebt?*

▸ *Welche Warnhinweise hast du vorab schon bekommen und teilweise erst später erkannt?*

▸ *Was kannst du dir aus diesen Erfahrungen für die Zukunft mitnehmen?*

▸ *Welche Stärken waren dir besonders hilfreich?*

Zum Abschluss lass dir noch etwas schenken!

▸ *Welche Sätze gehen dir durch den Kopf, wenn du an diese Veränderungen denkst?*

▸ *Wie hast du dich selbst motiviert?*

▸ *Notiere Sätze von anderen, die dir geholfen haben.*

⊕ *Vielleicht findest du auch ein Motto für Veränderung oder auch einen Werbeslogan. Nimm dir Zeit und lass deine Erfahrungen und alles, was du daraus mitnimmst, nochmals Revue passieren. Lass dich überraschen und schreibe dir bitte alles auf.*

OPTIMISMUS UND RESSOURCENORIENTIERUNG

Positive Erfahrungen und Selbstreflexion

▸ *Welche Krisen hast du in deinem Leben bereits gemeistert?*

▸ *Welche positiven Erfahrungen, die du als Ressource nutzen kannst, hast du gemacht?*

▸ *Wie hast du das damals geschafft?*

▸ *Was hast du damals gemacht, um dieses Problem/diese Krise zu bewältigen?*

▸ *Wer und was haben dir damals geholfen?*

▸ *Welche Fähigkeiten und Ressourcen konntest du nutzen?*

▸ *Was hast du für dich Positives daraus mitgenommen?*

▸ *Wie hilft dir das in zukünftigen Krisen?*

Diese Übung zeigt auf, welche Ressourcen da sind, auf die du auch schon einmal erfolgreich zurückgegriffen hast. Sie verdeutlicht auch, dass Krisen etwas zeitlich Begrenztes sind und überwunden werden können.

VERANTWORTUNG

Verantwortung für sich selbst zu übernehmen, ist in allen Lebenslagen von großer Bedeutung. Wie gehst du damit um? Was ist deine Verantwortung? Was ist die Verantwortung von anderen in deinem Umfeld?

Für manche ist die Verantwortung das Ultimative, manche überschreiten auch gewagt Grenzen und tanzen eifrig im Spielraum des Gegenübers herum. Nimm dir die Zeit und gehe durch deine Lebensrollen. Wo lebst du deine Verantwortung? Was kannst du dadurch aktiv gestalten?

⊙ *Mache ein kleines Brainstorming – »Was bedeutet Verantwortung für mich?« Wo kannst du noch ein bisschen mehr Verantwortung übernehmen? Wo werden Grenzen deiner Meinung nach überschritten?*

EIN BEISPIEL AUS DER PRAXIS

Eine Klientin hatte ihr Schlüsselerlebnis in der Beratung, als sie sich bewusst machte, was der Nutzen von **Eigenverantwortung** sein kann. Sie war eine erfolgreiche, engagierte Frau, hatte die Fäden in der Hand – war aber nicht glücklich mit ihrer Situation. Verantwortung war für sie eher negativ besetzt, denn sie assoziierte damit noch mehr Pflichten und Aufgaben. »Eigenverantwortung« war Synonym für »ich muss«. Entscheidend war für die Klientin die Erkenntnis, dass die Eigenverantwortung der Schlüssel zu aktivem Gestalten und Steuern ist, sie also ihren eigenen Rahmen darum herum setzen konnte und **Wahlmöglichkeiten** hatte. Besser gesagt: Sie hat ihre Wahlmöglichkeiten in dem Moment auch erkannt. Agieren statt reagieren – ihr Energieaufwand veränderte sich in den folgenden Wochen drastisch, und ihre restlichen Probleme wie Stress und Überlastung lösten sich auf.

NETZWERKORIENTIERUNG

Selbst-Check: Visualisiere dein Netzwerk

➔ *Nimm dir dein Notizbuch zu Hand und male einen Kreis als Symbol für dich selbst in die Mitte der Seite. Anschließend gruppiere – ebenfalls stilisiert mit Kreisen – die für dich wichtigen Menschen und Gruppen um dich herum. Die Positionierung der Kreise und die Größe richtet sich nach der realen Nähe und Wichtigkeit. Lass dich leiten. Bitte beschrifte auch alle Kreise entsprechend.*

▸ *Bewerte nun deine Verbindungen und füge Symbole hinzu:*

++ : diese Person stärkt mich

+-: diese Verbindung ist neutral

-: diese Beziehung raubt mir Energie

➔ *Betrachte deine Zeichnung: Mit wem möchtest du mehr oder engeren Kontakt haben? Welche Kontakte willst du eher stilllegen oder reduzieren? Gibt es Personen oder Gruppen, mit denen du vermehrt in Kontakt treten möchtest?*

▸ *Welche konkreten Schritte planst du?*

LÖSUNGSFOKUSSIERUNG

Wir stellen dir jetzt eine ungewöhnliche Frage, die der US-amerikanische Psychotherapeut und Autor Steve de Shazer die »Wunderfrage« nennt:

➔ *Angenommen du legst das Buch zur Seite, stehst auf und machst all das, was du sonst auch noch an einem Tag wie diesem machen würdest. Es wird Abend, du isst etwas, du machst all das, was du auch sonst an Abenden wie diesem machen würdest. Du wirst müde, legst dich ins Bett und schläfst ein. In der Nacht passiert ein Wunder, du bemerkst es aber nicht, doch es ist etwas ganz Besonderes geschehen, das genau das Problem löst, weswegen du zu diesem Buch gegriffen hast. In der Früh wachst du auf: Woran wirst du bemerken, dass dieses Wunder geschehen ist? Was wäre anders? Wie fühlst du dich? Was machst du? Wie wird dein Umfeld bemerken, dass dieses Wunder passiert ist? Wer würde es als erstes bemerken? Nimm dir Zeit und lass deinen Gedanken freien Lauf. Bitte, mache dir anschließend Notizen.*

ZUKUNFTSFOKUSSIERUNG

➔ *Heute in zwei Jahren. Du bekommst Besuch und zwar von dir selbst. Setz dich hin, mach es dir gemütlich und fahr die Leinwand vor deinem inneren Auge herunter: Film ab! Die Krise ist inzwischen bewältigt und überwunden und nun blickst du auf die Zeit der Krise zurück und beginnst zu überlegen und zu reflektieren:*

▸ *Was hat mich in dieser Zeit ermutigt? Was hat mich handlungsfähig sein lassen?*

▸ *Wer hat mich unterstützt? Auf wen konnte ich mich verlassen?*

▸ *Was konnte ich mir Positives aus dieser Situation mitnehmen?*

▸ *Welche Stärken habe ich entwickelt?*

▸ *Was musste ich eventuell zurücklassen oder akzeptieren?*

▸ *Wie sehe ich die Zeit der Krise und ihrer Bewältigung im Rückblick?*

Was bringt dir diese Übung? Positive Gedanken und Bilder zur Problembewältigung. Der Blick in die Zukunft zeigt auf, was hilft und wodurch es wieder aufwärts gehen kann. Die entstandenen Zielbilder sind eine zusätzliche Motivation und bringen Zuversicht, dass die Krise bewältigbar ist. Durch das reflektieren der Fragen entstehen möglicherweise neue Ansätze und Ideen, wie man die Krise aktiv gestalten kann bzw. wer und was dir helfen kann.

Kapitel 6
Stress lass nach!

Stress lass nach!

In der Ruhe liegt die Kraft.
Konfuzius (551–479 v. Chr.)

Stress ist eines der Topthemen unserer Zeit und betrifft schon lange nicht mehr nur die Arbeitswelt. Stress greift in viele Bereiche unseres Lebens ein. Balance ist das Zauberwort, um damit nachhaltig zurechtzukommen. Balance zwischen Anspannung und Entspannung. Zwischen den unterschiedlichen Lebensrollen, die wir erfüllen wollen. Balance zwischen Geben und Nehmen. Balance zwischen uns und unserem Umfeld.

In diesem Kapitel wollen wir dir einen Überblick über die Entstehung von Stress geben und zeigen, wie du dir Stress zunutze machen bzw. ihn gut bewältigen kannst. Das Thema ist sehr vielschichtig. Menschen, mit starken Stressbelastungen bis hin zu Burnout, empfehlen wir, professionelle Hilfe in Anspruch zu nehmen. Je nach Grad der Belastung muss abgeklärt werden, wer konkret die beste Hilfestellung geben kann. Was anfänglich durch psychosoziale Beratung, Coaching bzw. Sport und Ernährung abgedeckt werden kann, muss in einem späteren Stadium von Psychologen bzw. Ärzten professionell begleitet werden. Es ist wichtig, genau jenen Zeitpunkt zu erkennen, an dem man noch selbst aktiv an einer Verbesserung des Zustandes arbeiten kann. Je später man eingreift, umso größer wird der Leidensdruck und der empfundene Handlungsspielraum gleichzeitig sehr viel kleiner. Achtsamkeit und eine gute Selbstwahrnehmung sowie Eigenverantwortung können dich schützen.

»Hallo, schön dich zu sehen! Wie geht es dir?« – »Danke, viel zu tun.« – »Ich kann dir sagen, ich weiß nicht, wo mir der Kopf steht.« – »Danke, es geht mir gut, leider ist es zurzeit etwas stressig.« – »Wenn ich mehr Zeit hätte, würde es mir bessergehen.« – »Frag mich gar nicht, viel zu tun.« – »Pfff, wie soll es mir schon gehen?« Aussagen wie diese sind heute wohl keine Seltenheit. Wir sind viel beschäftigt, haben keine Zeit, haben viele unerledigte Dinge auf der To-do-Liste, die immer länger und länger wird. Wir widmen uns mehreren Dingen gleichzeitig und finden kaum mehr Zeit für uns selbst. Dabei muss alles weitgehend perfekt ausgeführt sein. Wir sagen private Termine ab, die Pflege von Freundschaften kommt zu kurz. Leider vergessen wir oft, dass genau diese Stunden es sind, die unsere Batterien wieder aufladen und uns Kraft, Freude und Sinn geben.

All diese Belastungen spiegeln sich leider auch in unserem Verhalten: Wir sind genervt und angespannt, können anderen kaum mehr zuhören, sind auf uns selbst konzentriert, und Flexibilität, Spontanität und gute Laune verabschieden sich langsam, aber sicher. Unser Umfeld reagiert freilich entsprechend. Dazu kommen oft Schlafstörungen und körperliche Symptome wie Magen-Darm-Beschwerden, Rückenschmerzen, Verspannungen oder Schwindel – um nur einige zu nennen.

Es gibt eine Chance zur Veränderung

Einen vollen Kalender zu haben und immer wieder neue Aufgaben, die uns fordern – damit sind viele von uns konfrontiert. Prinzipiell muss man an dieser Stelle auch sagen, dass Aktivität an sich nichts Negatives darstellt. Im Gegenteil – solange wir Freude dabei empfinden und den Überblick haben, erkennen wir einen Sinn in dem, was wir tun, und können dabei sogar noch Energie laden. Aber in Momenten, in denen uns Aufgaben über den Kopf zu wachsen drohen, wir das Ruder abgeben müssen und nicht mehr selbst unser Leben aktiv gestalten können, schaut die Situation komplett anders aus. Wir geraten sinnbildlich in ein Hamsterrad, sind ständig mit voller Konzentration dabei, tun und werken, multitasken wie die Weltmeister – und fühlen uns überfordert, sind gehetzt, oftmals gereizt und werden von der Stressspirale stetig weiter hinuntergezogen. Unsere Tage sind zwar prall gefüllt, aber schon lange erfüllen sie uns nicht mehr. Wir versuchen, die verschiedenen Lebensrollen bestmöglich unter einen Hut zu bringen, aber letztlich kommt Quantität vor Qualität. Wir vernachlässigen uns selbst und auch diejenigen, die uns am meisten am Herzen liegen. Wir erwarten Verständnis von den anderen: »Ich habe doch so viel zu tun.«

Viele unserer Klienten glauben, dass sie ihre Umstände dazu »berechtigen«, soziale Kontakte und in nahe stehende Menschen zu vernachlässigen. Sie ziehen sich oft aus ihrem sozialen Umfeld zurück und merken meist sehr viel später, welche Energie und Lebensfreude sie dadurch verloren haben.

⊙ *Überlege dir kurz, welche Lebensrollen du lebst: In der Familie (Tochter/Sohn, Mutter/ Vater, Schwester/Bruder, Ehefrau/-mann), jene im Job (Angestellte/r, Kollege/-in, Chef/in), aber auch die für deine Hobbys, Vereine, Freund/in, Nachbar/in und jene im Haushalt. Welche dieser Rollen verlangen dir zu viel ab? Welche werden von dir eher vernachlässigt und welche würdest du gerne mehr ausfüllen?*

▸ *Wer bin ich? Wohin will ich? Worin liegt der Sinn unseres Lebens? Nur du kannst diese Frage beantworten. Es gibt kein richtig und kein falsch.*

Treffen uns oder uns nahestehende Personen Schicksalsschläge, hören wir oft: »Da kommt man wieder drauf, was wirklich wichtig ist im Leben.« Oft sind Krisen der Auslöser, sich über sein Leben Gedanken zu machen. Bei der Frage, wie der derzeitige Job beurteilt wird, beurteilt jeder seine Situation individuell:

Für den einen mag sein Job eine reine Katastrophe sein, uninteressant und schlecht bezahlt. Er ist unzufrieden mit der miesen Stimmung, die im Unternehmen herrscht. Für einen anderen bietet seine Position tolle Möglichkeiten für das berufliche Weiterkommen.

Doch das kann sich rasch ändern, und ein paar Monate später ergibt sich die Chance, in einen Bereich zu wechseln, in dem man sich seinem Ziel näher sieht. Ist es für dieses Ziel notwendig bzw. förderlich, zuvor einen langweiligen Job zu machen, wird die Bewertung der Situation eine andere sein. Das, was man tut, ist für das persönliche Ziel wichtig und förderlich.

➡ *Wir haben in diesem Buch bereits ausführlich von Zielen gesprochen und an den eigenen gearbeitet. Blättere in deinem Heft ein bisschen vor und schau dir deine Ziele nochmals genauer an. Bringt dich das, was du gerade tust, deinen Zielen näher?*

➡ *Stelle den Unterschied fest zwischen dem, was wirklich wichtig ist, und jenem, was nur als dringend erscheint: »Ich wollte unbedingt pünktlich aus der Arbeit gehen, um noch meine Freundin zu treffen. Dann hat aber leider noch das Telefon geläutet, ist ein Mail gekommen etc.« Wer kennt das nicht? Was ist hier wichtig und was scheinbar dringend?*

➡ *Oft hilft auch die Frage: »Was ist das Schlimmste, was passieren kann, wenn ich das jetzt nicht mehr mache?« Die Erkenntnis wird wohl sein, dass die Welt in den seltensten Fällen untergegangen wäre. Aufgaben können sehr viel öfter problemlos am nächsten Tag erledigt werden, als von uns angenommen.*

Was verstehen wir unter Stress?

Stress ist in aller Munde und aus unserem heutigen Leben kaum wegzudenken. Doch schadet er immer? Unter Stress verstehen wir im Allgemeinen Anspannung, Überlastung bis hin zur teilweisen Überforderung. Was jetzt wirklich von jedem Einzelnen als stressig empfunden wird, ist sehr individuell und hängt davon ab, wie wir selbst eine Situation, einen vermeintlichen Stressor (Stressauslöser) bewerten und empfinden. Was der eine sehr belastend und einengend empfindet, ist für den anderen sehr aktivierend und motivierend. Ob wir einen Reiz nun als »belastend für mich« bewerten oder nicht, hängt größtenteils von unserer Veranlagung, von gemachten Erfahrungen, unseren Fähigkeiten und Strategien sowie unserer momentanen Verfassung ab.

Prinzipiell ist es oftmals so, dass der eine Zeitdruck und Stress benötigt, um zu Höchstleistungen zu gelangen. Weiß er hingegen, dass er noch Zeit hat, kann er sich kaum motivieren. Für den anderen ist Zeitdruck wiederum lähmend und blockiert jegliche Kreativität. Du siehst also: Stress muss sehr individuell betrachtet werden. Und Stress alleine ist nicht schlecht. Studien belegen, dass schon die Bewertung, wie wir zu Stress im Allgemeinen stehen, eine große Auswirkung auf die Folgen von Stress auf unsere Gesundheit und unser Wohlbefinden hat.

Stress ist die unspezifische Reaktion des Körpers auf jede an ihn gestellte Anforderung. Laut Hans Selye, einem bekannten austro-kanadischen Stressforscher, reagiert bei Stress jeglicher Art (positiv und negativ) der Körper auf einen Reiz mit einer Aktivierung. Wir unterscheiden positiven (Eustress) und negativen Stress (Di-Stress).

▶ *Eustress* hat eine positive Wirkung auf uns. Es handelt sich dabei um eine Herausforderung, die uns Spaß macht und Freude bereitet. Wir werden aktiviert, bringen Dinge sehr effizient voran. Wir nutzen Stress auch, wenn wir Dinge noch in letzter Sekunde fertig bringen wollen – oder bei einer Prüfung alles aktivieren, um voll leistungsfähig zu sein. Der gute Stress steigert also unsere Motivation, unsere Aufmerksamkeit und Konzentration sowie unsere Leistungsfähigkeit. Wir können Herausforderungen besser begegnen und werden danach mit Erfolg, einem besseren Selbstbewusstsein und Glückshormonen belohnt.

▶ Beim *Di-Stress* wird unsere Belastungsgrenze überschritten. Das bedeutet, die Anpassungsmöglichkeiten des Körpers werden überfordert, und mit der Zeit schwinden alle Leistungsreserven. Die Konzentration nimmt ab, wir sind gereizt, wir machen mehr Fehler. Viele körperliche Beschwerden im Bereich Herz-Kreislauf sowie Muskel- und Skelettbau haben ihren Ursprung im stressigen Umfeld.

Stress wirkt sich vor allem dann negativ aus, wenn wir einer unvorhergesehenen Situation nicht gewachsen sind oder wenn wir dauerhaft einer Belastung ausgesetzt sind. Um sich den negativen Folgen einer solchen Lebenslage zu entziehen, ist es ratsam, Pausen einzulegen und mit einem geeigneten Ventil wie Bewegung oder Entspannungstechniken gegenzusteuern.

Bei kurzzeitigem Stress wird unser Immunsystem aktiv, um den Organismus zu schützen. Problematisch wird es, wenn der psychische Druck nicht nachlässt. Dauern die Turbulenzen an, werden wir anfälliger für Erkrankungen. Der Körper zeigt uns, dass wir uns übernommen haben, sobald die Überlastung nicht mehr ausgeglichen werden kann. Dann sind wir überfordert und kommen nicht mehr ins Gleichgewicht. Wir fühlen uns zusehends schlechter, und unser Körper kann sich nicht mehr erholen. Unsere Leistungen fallen ab, unser Wohlbefinden sinkt, und die Gesundheit ist stark gefährdet.

ÜBUNG

Mit unseren Klienten, die mit dem Thema Stress und Überlastung zu uns kommen, erarbeiten wir die Übergänge von Effektivität und Freude am Tun hin zu Überforderung und Überlastung. Was passiert davor? Woran erkennen wir, dass uns die Aufgaben zu viele werden? Das Interessante ist, dass Klienten sehr oft klar benennen können, was genau passiert, um das Fass zum Überlaufen zu bringen. Deshalb fällt es ihnen dann auch leichter, nach jenen Alternativen zu suchen, die ihnen zur Verfügung stehen, damit sie nicht in die Stressfalle tappen.

▸ *Wenn du dir also bewusstmachst, welche Auslöser du an dir kennst und wie dich Körper und Geist frühzeitig darauf aufmerksam machen und warnen, sind das gute Anknüpfungspunkte, mit denen du weiterarbeiten kannst.*

Diese Übung hilft dir, achtsamer gegenüber deinen Stressoren zu werden. Mit dem Fokus auf alles, was vor dem Stressausbruch passiert, kann auch ein neuer Denkansatz gefunden werden. Nimm dein Büchlein zur Hand und mach dir Notizen: Wie bemerkst du Stress? Spürst du ihn körperlich? Änderst du dein Verhalten? Wie beschreibt dich dein Umfeld in Stresssituationen?

➔ *Stärke deine Wahrnehmung: Was geschieht, bevor du Stress hochstiegen spürst? Gibt es bereits kleine Anzeichen? Welche Frühwarnzeichen kennst du von dir? Was muss geschehen, damit du dich gestresst fühlst? Was sind Stressauslöser für dich? In der Arbeit? Privat?*

EIN BEISPIEL AUS UNSERER PRAXIS

Charlottes Kalender ist eine große Stütze zur **Organisation** ihres Lebens. Bei genauerem Nachfragen nach dem Entstehen von Stress landen wir bei diesem Kalender. Wie fühlt es sich an, wenn ein neuer Termin eingetragen wird? Im Gespräch und bei der Selbstreflexion bemerkt Charlotte, dass sie teilweise schon beim Eintragen der Termine weiß, dass sie in Stress geraten wird, weil es zeitlich sehr eng werden wird. Auf die Frage, ob man daran etwas ändern kann, folgt Stille, aber kurze Zeit später ein klares Ja. Charlotte wird bewusst, dass sie sich durch ihre Terminlegung viel Stress selbst macht, diesen jedoch durch bewusstes **Entscheiden und Abwägen** massiv verringern kann. Dieses Beispiel soll zeigen, dass es bereits kleine Veränderungen sind, die helfen können.

Was passiert bei Stress in unserem Körper?

Infolge von Stressoren, also den Stressauslösern, schüttet der Körper eine Reihe von Stresshormonen aus. Unser Organismus wird extrem aktiviert und in Alarmbereitschaft versetzt: »Kampf oder Flucht« ist die Devise. Unser Körper ist für kurze Zeit voll auf den Angriff von außen konzentriert: Wir sind für diesen Augenblick sehr leistungsfähig, schneller Puls und höherer Blutdruck unterstützen uns dabei.

Der Hypothalamus sendet – vereinfacht gesagt – den ersten Notruf. Dieses Signal gelangt zum Nebennierenmark, das daraufhin die Stresshormone Adrenalin und Noradrenalin ausschüttet. Ziel ist es, den Körper auf Kampf oder Flucht vorzubereiten: Blutdruck und Herzschlagrate steigen, um die Muskeln besser mit Nährstoffen zu versorgen. Die Atmung wird ebenfalls schneller, damit das Gehirn mehr Sauerstoff bekommt. Zusätzlich werden noch Stoffe freigesetzt, die das Schmerzempfinden vermindern sollen. Der Körper ist nun bereit.

Entscheidend dabei ist, dass der Körper danach wieder in den Normalzustand zurückkehren kann und die Stresshormone wieder abgebaut werden können. Nach dieser Phase der vollkommenen Anspannung ist Entspannung erforderlich. Wenn es aber dazu nicht mehr kommen kann, sondern Dauerstress am Programm steht, kommen wir komplett aus der Balance. Unser Körper kann sich nicht mehr selbst regenerieren, unsere Reserven schmelzen dahin, die körperlichen Systeme kippen. Wird der Körper auf ständige Widerstandsbereitschaft geschaltet, muss er sich den Gegebenheiten anpassen und braucht hierfür immer mehr Energie, bis der Apparat irgendwann zusammenbricht.

Entscheidend ist, dass nach einer Anspannungsphase die Entspannung folgt. Genau diese Entspannung gönnen sich aber die wenigsten. Fälschlicherweise werden Pausen oft als Schwäche betrachtet – ohne Nutzen. Aber wir profitieren von Entspannung! Nur so können wir leistungsstark bleiben. Aus der Entspannung kommt die Kraft. Es ist wichtig, die Balance zu finden – zwischen einem selbst und den anderen, zwischen Anspannung und Entspannung, zwischen Geben und Nehmen.

Stressoren

Wir unterscheiden verschiedene Stressoren, also Stressquellen. Wir wollen hier nur eine kurze Übersicht geben, wobei uns wichtig ist aufzuzeigen, was alles auf unser Stressempfinden Einfluss hat. Vieles davon bleibt tatsächlich unbewusst und unbemerkt, weshalb wir uns bewusst unseren Stressoren stellen müssen, um reagieren bzw. präventive Maßnahmen setzen zu können.

▶ *Mikrostressoren:* zu viele Verpflichtungen, Unsicherheit bei Entscheidungen, Ärger mit Klienten und Kunden, Haushalt, Wartezeit, Stau, Unzufriedenheit im Job

▶ *Makrostressoren:* Tod eines Angehörigen, Hochzeit, Umzug, Trennung, Scheidung, Arbeitsplatzverlust, Krieg, Naturkatastrophen

Zusätzlich zu den Mikro- und Makrostressoren sind wir ständigen, inneren und äußeren Stressoren ausgesetzt:

▶ *Psychogene Stressoren:* Mentale Haltungen, destruktive Erfahrungen, innere Antreiber, die wir schon bei den logischen Ebenen ausführlich kennengelernt haben.

▶ *Physiologische Stressoren:* Hitze, Lärm, Kälte, Temperaturschwankungen, Hunger, Infektionen, Verletzungen, Reizüberflutungen, schwere körperliche Arbeit, etc.

▶ *Psychische Stressoren:* Überforderung, Versagensängste, Unterforderung, Fremd-bestimmung, Zeitmangel, Kontrollverlust, etc..

▶ *Soziale Stressoren:* Konflikte, Isolation, Verluste, Mobbing, etc.

Bewertung von Stressoren

Stress ist also als Reaktion des Organismus auf einen Stressor zu erklären. Doch was liegt dazwischen? Es ist die Bedeutung, die wir dem Stressor zuschreiben. Nicht jeder Mensch ist von Stress gleich betroffen. Nicht nur die Außenwelt und die Gegebenheiten sind entscheidend, sondern auch wie ich den Reiz subjektiv empfinde. Entscheidend ist also, wie wir den oder die Stressoren bewerten. Manche kommen gut damit zurecht, halten ein gutes Gleichgewicht zwischen Stress und Entspannung, andere weniger. Stress ist also eine sehr individuelle Angelegenheit. Warum ist das so?

Eine Erklärung für die Wichtigkeit der subjektiven Bewertung von Stressoren bietet das Transaktionale Stressmodell von Richard Lazarus, einem bekannten, US-amerikanischen Psychologen. Dieses Modell liegt vielen heutigen Stresspräventions- und Stress-behandlungsansätzen zugrunde. Der transaktionale Ansatz erklärt Stress mit einer einfachen Formel: Stress würde demnach durch ein Zusammenspiel zwischen situativen Anforderungen und individueller Beurteilung der eigenen Ressourcen und/oder Fähigkeiten entstehen. Entscheidend ist die jeweils subjektive Bewertung der Anforderungen – also nicht das objektive Ausmaß des Stressors. Lazarus geht davon aus, dass die Reaktion auf Stressoren in großem Ausmaß von den Gedanken, Beurteilungen und Bewertungen einer Person in der jeweiligen Situation bestimmt wird. Der Stress entsteht dann, wenn ein Ungleichgewicht zwischen den Anforderungen entsteht, die an eine Person gestellt werden, und den persönlichen Möglichkeiten und Ressourcen, die zur Verfügung stehen, um die Anforderungen zu bewältigen. Dieses Stressmodell geht davon aus, dass bei der Bewertung eines Reizes zwei Bewertungsprozesse teilweise auch simultan ablaufen.

▶ *Bewertungsprozess 1:* Ist der Reiz von außen irrelevant, positiv oder stressrelevant? Im Fall von Stressrelevanz: Ist die Situation herausfordernd, bedrohlich, schädigend oder verlustbringend?

▶ *Bewertungsprozess 2:* Kann ich die Situation mit meinen eigenen Ressourcen bewältigen? Falls nicht oder nur sehr ungewiss, entsteht eine Stressreaktion. Ich schätze hier also meine eigenen Bewältigungsmöglichkeiten ein – auf Basis meiner eigenen Wahrnehmung über meine mir zu Verfügung stehenden Ressourcen. Dazu gehören beispielsweise meine Fähigkeiten und Kompetenzen auf dem jeweiligen Gebiet, mein Selbstvertrauen, meine Erfahrungen, meine Zuversicht, die Unterstützung durch andere, finanzielle Ressourcen etc.

Wie sehr glaube ich an mich? Was hat mich die Vergangenheit gelehrt? Je schlechter ich mich bzw. meine konkreten Ressourcen bewerte, desto weniger werde ich davon überzeugt sein, diese Situation meistern zu können. Meine Stressreaktion wird also eher stärker ausfallen.

Stressreaktion
Die daraus resultierende Stressreaktion zeigt sich durch:

▶ mein *subjektives Empfinden* (Emotionen wie Angst, Anspannung, Ärger, Gereiztheit, Unsicherheit, etc.)

▶ *physiologische Veränderungen* (vegetatives Nervensystem, Hormonsystem, Muskelanspannung, Verspannung)

▶ *Handlungstendenzen* (mein Verhalten gegenüber anderen: gereizt, aggressiv, Rückzug, vermehrter Alkoholkonsum, etc.)

Weitere Konsequenzen aus dieser Bewertung können beispielsweise Schlafstörungen, Kreislaufstörungen, Konzentrationsschwierigkeiten, Abgeschlagenheit, Erschöpfung, Krankheitsanfälligkeit, etc. sein.

Natürlich haben auch Stärke und Dauer von Stressoren eine Wirkung auf die Stressentstehung und die Stressfolgen.

⊖ *Gehen wir nochmals zu den Beliefs aus dem Kapitel der logischen Ebenen. Welche Wirkung können unsere Beliefs auf uns und unsere Bewertung von Stressoren haben? Überlege sowohl körperliche als auch psychische Auswirkungen.*

Kapitel 6

Welche Stressbewältigungsmöglichkeiten gibt es? Wo kann jeder individuell ansetzen? Ziel ist es, innere Sicherheit zu erlangen, um das eigene Leben wieder in den Griff zu bekommen. Wie wir schon mehrmals in diesem Buch angeführt haben, ist es wesentlich, die Zügel in der Hand zu haben, um sich nicht wie Treibholz zu fühlen, das auf nichts mehr reagieren kann. Und Veränderung ist möglich, solange wir die Kontrolle behalten bzw. diese wieder bewusst und zielgerichtet zurückholen.

Angelehnt an der fünfphasigen Stresstrasse, einem Stress-Erklärungsmodell des US-amerikanischen Soziologen Jerrold S. Greenberg, möchten wir dir mögliche Strategien zur Stressbewältigung aufzeigen. Greenberg führt in seinem Konzept fünf Ebenen von Reaktionen und Veränderungen an. Es zeigt die Stressdynamik nach unten hin an. Ein effizientes Stressbewältigungsprogramm funktioniert dann in entsprechend umgekehrter Reihenfolge.

▶ 1. Lebenssituation: innere oder äußere Reize (Stressoren)

▶ 2. Wahrnehmung als Stress

▶ 3. Emotionale Veränderungen

▶ 4. Physiologische Veränderungen

▶ 5. Konsequenzen

Der erste Schritt ist Selbstbeobachtung und Selbstreflexion. Ziel dabei ist es, seinen Stresspegel aktiv steuern zu können, um ihm nicht ausgeliefert zu sein. Ein Leben ohne Stress ist in den meisten Fällen nicht möglich. Wie wir schon gehört haben, ist es auch gar nicht erstrebenswert, weil Stress an sich nicht nur negative Bedeutung hat. Wir sollten erkennen, welche Aufgaben und Tätigkeiten uns unserem Ziel, unserer Vision näher bringen. Welchen Aufgaben messe ich einen Sinn bei? Sind sie ein Zwischenschritt zu einem erstrebenswerten Zustand oder eine Qual, die mich lähmt und mir kein sichtliches Weiterkommen bringt?

Es liegt in unserer Eigenverantwortung, Situationen, die uns belasten und vielleicht auch schon beginnen zu lähmen, genauer zu betrachten. Wegschauen und ignorieren hat noch selten zu einer Lösung geführt, wenn Schritte zur Veränderung gesetzt werden müssen.

Eine Möglichkeit zur Bewältigung von Stress ist das Führen ein Stresstagebuchs. Unsere Eigenwahrnehmung wird gestärkt, Reflexion gefördert, und wir können uns mögliche Veränderungen und Alternativen bewusstmachen und an die jeweilige Situation anpassen. Wir empfehlen dafür einen Zeitraum von drei Wochen. Solltest du einmal einen Tag auslassen, ist das okay. Hör nicht gleich ganz auf, sondern mache dir am nächsten Tag wieder Notizen. Ganz nach dem Motto: Niederfallen ist keine Schande, man muss nur wieder aufstehen.

Kernfragen des Stresstagebuchs

1. Stressoren: Welche Situationen bedeuten für mich Stress? Was passiert davor? Was war der Auslöser?

2. Meine Reaktionen: Woran merke ich, dass Stress aufkommt (sowohl physiologisch beispielsweise durch Herzklopfen, Unruhegefühl, Druckgefühl, etc. als auch psychologisch durch aufsteigende Aggression, Wut, Angst, Unruhe, etc.).

3. Meine Strategien: Wie habe ich also auf den Stressor reagiert? Was mache ich dagegen?

4. Was wären bessere Strategien gewesen? Was hätte ich noch besser machen können?

5. Entspannung: Wie war meine Wahrnehmung? Was habe ich sonst gemacht, um den Stress abzubauen? Welche Entspannungstechniken habe ich versucht?

Greenberg nennt die Lebenssituation als erste Stufe: Für uns gilt: Überdenken wir zuerst unseren Status. Wo stehe ich? Wie kann ich mein Leben so organisieren, dass ich möglichst wenig Angriffsfläche für Stressoren bilde? Wie kann ich Stressoren vermeiden? Der erste Schritt ist die Identifikation dieser Stressoren. Mithilfe des Stresstagebuchs sind wir hier schon einen Schritt weiter gekommen.

Schau dir auch die Beispiele für mögliche Stressoren in diesem Kapitel an: Bei welchen fühlst du dich angesprochen? Was könntest du machen, um diese zu vermeiden? Klienten berichten uns von Schlaf- und Bewegungsmangel, schlechter Ernährung, zu viel Nikotin, Alkohol sowie ständigem Termindruck, Unzufriedenheit, Konflikten, etc.

ÜBUNG

→ *Mach dir bewusst, was dich stresst. Mach dir bewusst, dass du die anderen nicht ändern kannst, aber du kannst etwas an dir und an deinem Umgang mit den anderen ändern. Wo kannst du ansetzen? Thema Termindruck und Zeitmanagement: Wir haben schon von der Klientin erzählt, die bereits beim Eintragen in den Kalender weiß, dass der Stress vorprogrammiert ist. Was ist dein Rat an sie? Was kann sie daran aktiv ändern? Du kannst dir folgende Fragen stellen: Wie kann ich mir die Arbeit besser einteilen? Was hat in der Vergangenheit gut funktioniert? Wann kann ich am besten arbeiten, für welche Tageszeiten sind eher einfache Abläufe von Vorteil? Mache Pausen und setze Prioritäten.*

Unsere Tipps zur Stressminimierung

▸ Prioritäten setzen. Was ist wichtig und was kann noch warten?

▸ Delegieren. Immer alles selbst zu machen, reduziert am Ende des Tages auch deine Effektivität und Leistungskraft.

▸ Überblick über die einzelnen Aufgaben behalten.

▸ Abschalten. In der Freizeit solltest du keine Gedanken an die Arbeit verschwenden. Sollte das dennoch der Fall sein, schreibe sie dir kurz auf, damit du sie nicht vergisst. Dann kannst du sie auch geistig »streichen«.

▸ Aufgaben beizeiten erledigen. Wenn die To-do-Liste zu lange wird, blockiere dir einen Vormittag und arbeite die Punkte ab oder delegiere sie.

▸ Soziale Kontakte. Viele Stressgeplagte streichen als Erstes das, was ihnen aber in Wahrheit wichtig ist und viel Kraft gibt: ihr nächstes soziale Umfeld. Denke an all die Freude und Energie, die du aus diesem Umkreis schon gewonnen hast und gehe achtsam damit um.

Auf der Ebene der Wahrnehmung

Betrachte deine Situation einmal aus einer anderen Perspektive: Wie würde sie ein Unbeteiligter beschreiben, der zufällig gerade dazu gekommen ist und einen Blick auf deine Situation wirft? Wie würde er sie wahrnehmen? Was würde dein bester Freund/deine beste Freundin über deine Situation sagen? Wie schlimm ist es eigentlich?

► *Eine Frage auch an dich: Was sind die positiven Aspekte, die diese Situation mit sich bringt? Wie wirst du in einem halben Jahr darüber sprechen? Wie in einem Jahr? Was wird schlimmstenfalls passieren? Was wäre dann zu tun?*

► *Hast du schon einmal eine ähnlich schwierige Situation gemeistert? Was hat dir damals geholfen? Wie wichtig ist diese Sache für dich? Was hat dir in der Vergangenheit Sicherheit und Mut gegeben? Mache dir Notizen dazu.*

Auf der Ebene der emotionalen Veränderung

Chronischer Di-Stress kann zu schweren Belastungen auf dieser Ebene führen. Es ist sehr entscheidend, hier rechtzeitig eine Gegenstrategie zu entwickeln, um Schlimmeres zu verhindern. Dabei kann Folgendes hilfreich sein:

► Gespräche mit Familie und Freunden – Vertrauten, die sich dem Thema auch stellen können und wollen.

► Gespräche mit Beratern wie Lebensberatern und Coaches, Stressexperten sowie Psychologen, Psychotherapeuten und Ärzten. Entscheide für dich, wo du dich am besten aufgehoben fühlst. Bitte beachte, dass ab einer bestimmten Stressbelastung ein Therapeut oder Arzt aufgesucht werden muss. Du wirst aber diesbezüglich umgehend von deinem Berater informiert.

► Lache viel und oft. Lächeln reduziert nachweislich Stress. Wenn du lächelst, sind negative Gedanken nicht möglich. Probiere es aus!

► Aktive Entspannung ist wichtig, um all die Anspannung in deinem Körper abbauen zu können. Zur aktiven Entspannung gehören einerseits körperliche Betätigung durch Sport, aber auch aktive Entspannungsmethoden wie beispielsweise Yoga, Meditation, autogenes Training, Fantasiereisen oder Atemübungen.

Auf der Ebene der physiologischen Veränderung

Wie können wir Stress abbauen und der ständigen Anspannung entgegenwirken? Sport und Ernährung sind wesentliche Faktoren für unser Wohlbefinden, und auch beim Stressabbau nicht zu unterschätzen. Daher: Nimm dir Zeit für dich!

Woran du also vorrangig denken solltest: Such dir eine körperliche Betätigung oder Sportart aus, die du gern machen möchtest. Wir könnten hier nun alle Sportarten aufzählen – angefangen von Aerobic über Pilates bis Volleyball – sie alle können einen positiven Einfluss auf den Stressabbau und das Wohlbefinden haben. Das Wichtigste aber ist: Sport soll Spaß machen und nicht an Leistung gekoppelt sein. Denn es soll nicht um das Ausloten der eigenen Grenzen gehen: Höher, schneller, weiter gehört zum Profisport – nicht zur entspannenden Freizeitaktivität. Ziel sollte die Freude an Bewegung, Entspannung und der Vorbeugung von Muskelverspannungen und Schmerzen sein. Und noch eins: Sport hilft, den Hormoncocktail abzubauen. Einige Klienten nehmen zur Unterstützung sportwissenschaftliche Berater in Anspruch, um gemeinsam an einem geeigneten Programm zu arbeiten.

Übungen zum Abschluss

→ *Erinnern wir uns an die Übung, die uns als 92-Jährige auf der Veranda sitzen lässt. Was haben wir da gesehen? Und wie sieht es mit unserer jetzigen Lebenssituation aus? Wie gestalten wir unser Leben? Welche Ziele verfolgen wir? Welche Glaubenssätze begleiten und lenken uns?*

→ *Wie sieht es mit unserer Resilienz aus? Können wir Dinge akzeptieren oder kämpfen wir gegen viele Windmühlen an?*

Entspannungsübungen für jeden Tag

RICHTIG ATMEN

1. Zuerst atme so tief wie möglich ein – und zwar in drei Stufen. Wenn du es öfters machst, atmest du automatisch tief und weit ein und musst es nicht mehr bewusst in drei Phasen tun.

▸ *Atme tief in den Bauch ein und lass dabei den Bauch ganz groß werden. Dabei wird das Zwerchfell aktiviert und die Lunge wird nach unten geöffnet.*

▸ *Nun atme tief in den Brustkorb: Erweitere deinen Brustkorb mit der Atmung maximal, sodass sich die Lunge auch in die Breite öffnen kann.*

▸ *Zuletzt ziehe die Schultern nach oben und ziehe sie gleichzeitig auch nach hinten, damit sich die Lunge auch nach oben hin öffnet. Wiederhole den Vorgang einige Male, bis du automatisch tief und weit einatmest.*

2. Beim Ausatmen ist es wichtig, dass du langsam durch die Nase oder den Mund wieder ausatmest, bis der Bauch mit den Bauchmuskeln sanft nach innen gepresst wird.

Kapitel 6

Diese Atemübung kannst du leicht in deinen Alltag einbauen. Man muss nur einmal damit beginnen und immer aufs Neue wiederholen – so wird das Atmen automatisiert und braucht keine Anstrengung mehr. Du wirst sehen, wie das bisschen Atmen dich wieder lockerer werden lässt, Anspannungen nimmt und wie du dich einfach besser fühlst. Diese Übung ist leicht machbar während dem Autofahren, am Arbeitsplatz, beim Warten, beim Gehen – mit einem Wort: Sie ist in fast allen Lebenslagen anwendbar.

Kombinationsmöglichkeit

Man kann die Atemübung auch sehr gut mit dem »geistigen Fernsehen« verbinden: Tauche während des Atmens in deine eigene Glücks- und Erfolgsbiografie ein und schaue dir deine schönsten Momente und Erfolge im Leben an.

Augenpflege

Nimm dir ein paar Augenblicke Zeit und gönne dir eine kurze Pause. Richte deinen Blick aus dem Fenster und suche dir dort den am weitesten entfernten Punkt, der für dein Auge noch erkennbar ist. Lass nun deine Augen den Horizont entlangwandern – du wirst sehen, es entspannt und beruhigt deine Augen.

Achterbahn fahren

Wenn du merkst, dass deine Augen schon müde werden oder die Sorgen-, Ärger- und Konzentrationsfalten in deinem Gesicht einen Dauerstatus einnehmen, schließe deine Augen und fahre mit den Augäpfeln einen liegenden Achter nach. Immer und immer wieder. Es entspannt deine Augen, vor allem aber auch deinen Gesichtsausdruck und deine Anspannung im Gesicht.

SCHNELLE ENTSPANNUNGSÜBUNG

Setze dich auf einen Stuhl, deine Fußsohlen stehen fest am Boden. Nun lege deine Hände mit den Handflächen nach oben auf deine Oberschenkel und atme mehrmals hintereinander tief ein und aus. Entspanne dich. Sag still zu dir selbst: »Ich lasse los«, wiederhole diesen Satz mehrmals, bis du spürst, dass immer mehr Entspannung aufkommt.

20 Tipps, wie man den Alltag etwas leichter gestalten kann

Wir möchten dir ein paar kleine Tipps für den Alltag geben, die dir helfen, mehr Gelassenheit in dein Leben zu bringen.

1. Zeitmanagement: *Nimm dir die Zeit, deine in der nächsten Zukunft stattfindenden Termine anzuschauen und zu bewerten. Was bringt dich wirklich weiter? Was ist dir wichtig? Sind die Timings (Beginn, Dauer) richtig gesetzt? Mach einen klaren Faktencheck. Was steht auf deiner Prioritätenliste ganz vorne? Und was wollen oder erwarten die anderen von dir?*

2. Nein sagen: *Sag auch einmal bewusst und mit gutem Gewissen Nein. Bedenke immer, welche Folgen ein unüberlegtes Ja für dich und dein Wohlbefinden hat. Gib deine Vorgabe auf, alles schaffen zu müssen. Wirklich alles?*

3. Priorisiere deine Aufgaben *nach dem Eisenhower Prinzip: Du priorisierst die Aufgaben nach Wichtigkeit und nach Dringlichkeit. Du wirst sehen, es gibt sehr viele Aufgaben, die nicht wichtig und nicht dringend sind – die kannst du sofort vernachlässigen. Aufgaben, die wichtig, aber nicht dringend sind, kannst du vielleicht delegieren. Nimm dich kurz zurück und beurteile ganz objektiv, welche Aufgaben realistisch an andere abzugeben sind. Verschiedene Persönlichkeiten haben einen unterschiedlichen Zugang zum Delegieren. Die einen geben gerne Verantwortung an andere ab. Andere wiederum ziehen alle Aufgaben an sich. Wo stehst du? Welche Aufgaben können abgegeben werden? Wo liegt deine Verantwortung? Welche Aufgaben gehören vielleicht sogar zu anderen Personen? Schaffe Klarheit. Diese Priorisierung und die klare Sicht darauf geben dir eine wunderbare Möglichkeit, den Druck aus der Fülle von bestehenden Aufgaben herauszunehmen.*

4. *Mach nach 90 Minuten* **Pause.** *Wenn notwendig, trage diese Pausen in deinen Kalender ein.*

5. Plane deine Termine *nicht zu knapp. Fünf Minuten vor und nach dem Termin zu reservieren schafft Puffer.*

6. Zeit für E-Mails: *Wenn es dir möglich ist, richte dir im Kalender Zeiten ein, in denen du fix E-Mails bearbeitest, Telefonate führst und notwendige Arbeiten erledigst. Am besten du blockierst den Termin vorab, dann hat niemand anderer Zugriff darauf.*

7. Aufgaben erledigen: *Wenn die zu erledigenden Aufgaben zu viel werden, plane bewusst einen Tag ein, an dem du diese Aufgaben erledigen kannst.*

8. Freizeitaktivitäten im Kalender fix eintragen. *Beginne mit einigen Dingen, die Fristen haben, die zu einem bestimmten Zeitpunkt fertig sein sollen einmal früher. Bau dir einen zeitlichen Puffer ein und erlebe bewusst, wie es ist, nicht in Stress zu kommen. Viele setzen dem entgegen: Ich brauche Stress, um gewisse Dinge zu erledigen. Wir setzen dagegen: Probiere es einmal aus, den Stress erst gar nicht aufkommen zu lassen.*

9. Neues ausprobieren: *Gestalte deine Freizeit abwechslungsreich. Oft hilft es, Dinge zu tun, die gar nichts mit dem Berufsleben zu tun haben. Probier Neues aus, singe, tanze, hilf anderen. Neues auszuprobieren erhöht das Selbstvertrauen und steigert die Kreativität.*

10. Plane schöne Dinge: *Schiebe Urlaube etc. nicht auf die lange Bank, sondern plane sie konkret und genieße die Vorfreude. Schöne Dinge können auch Freundinnenabende, ein schönes Dinner, etc. sein – deiner Fantasie sind keine Grenzen gesetzt.*

11. Sei offen für Neues *(nicht nur in der Freizeit). Das bedeutet: Verlasse deine Komfortzone, sei offen für neue Menschen, bereichere dich mit anderen Meinungen und Sichtweisen.*

12. Genieße die Natur *im eigenen Garten oder bei Ausflügen ins Grüne. Wanderungen, unberührte Natur, traumhafte Ausblicke, Bewegung und Lebensgefühl – Genuss pur, der auch Tage danach noch nachwirkt.*

13. Lächle, sooft du kannst. *Lächeln reduziert nachweislich Stress. Wenn du lächelst, sind negative Gedanken nicht möglich. Probiere es selbst aus! Auch einmal jemand Fremden anzulächeln gibt ein gutes Gefühl.*

14. Stärke dich selbst. *Es ist nicht notwendig, seine Energie darin zu investieren, andere von sich zu überzeugen. Besser ist es, sich selbst zu stärken, auf seine innere Stimme zu hören und das zu tun, von dem man wirklich überzeugt ist. Dann hören auch die Rechtfertigungen auf, andere werden deine Meinung akzeptieren.*

15. Zeit für dich: *Plane täglich mindestens 30 Minuten Zeit nur für dich ein. Und plane es wie einen Termin mit jedem anderen auch.*

16. Nutze Eigenzeit. *Was ist dir wichtig? Reserviere eine entsprechende Zeit für deine Interessen. Sei es ein Abend mit Freunden, Kino, eine Ausstellung oder auch einen Abend in der Therme ausklingen lassen. Ganz nach deinen Interessen und Vorlieben gerichtet. Und mit wem es dir Spaß und Freude macht.*

17. Plane nicht zu viel auf einmal. *Step by step. Man muss auch nicht alles bis ins letzte Detail durchplanen, es nimmt einem den Spielraum, den man hat.*

18. Lass es dir gutgehen. *Achte darauf, nicht alles mit dir allein ausmachen zu müssen. Wenn du das Gefühl hast, dass du aus dem Gleichgewicht gerätst, hole dir auch einmal professionelle Hilfe. Jeder schläft einmal schlecht oder ist verspannt bzw. hat Rückenschmerzen – das ist völlig normal. Hält das aber über mehrere Wochen an, sollte man nicht zögern, einen Experten zu kontaktieren.*

19. Koste deine Glücksmomente aus. *Erlebe sie achtsam und bewusst, reflektiere sie: Was ist um dich herum passiert und was ist in deinem Inneren passiert? Wie, mit wem und wo hast du das Glücksgefühl erlebt? Teile deine Glücksmomente auch mit anderen, aber nur mit Menschen, die auch konstruktiv darauf reagieren. Lass die tollen Erlebnisse immer wieder vor deinem inneren Auge Revue passieren. Sei stolz auf dich, wenn du viel erreicht hast. Speichere das Gefühl der Erleichterung, der Freude und des Stolzes. Achte bewusst auf deine körperliche Reaktion auf den Erfolg und lass sie auch zu. Manche reißen die Arme in die Höhe, andere ballen die Faust – lebe die Freude aus! Diese Bewegung alleine speichert schon viel Erinnerung. Machen wir uns bewusst, was uns Gutes und Förderliches passiert und drücken wir diese Dankbarkeit auch aus.*

20. *Und zum Schluss der wichtigste Tipp:* **Sei dein bester Freund**, *dein bester Kumpel und Ratgeber. Mach dir Mut, motiviere dich und gib dir selbst die Wertschätzung, die du auch von anderen erwartest. Übe dich im Selbstgespräch! Es ist entscheidend, wie wir uns ansprechen. Das gilt vor allem für Selbstgespräche vor wichtigen Terminen und Herausforderungen. Verwenden wir unseren Vornamen oder »du« als Anrede, meistern wir Hürden oftmals besser und souveräner. Wir haben damit einen gewissen Abstand zum »Ich« und können alles emotional gelassener betrachten und bewerten. Selbstgespräche mit dem Vornamen bzw. der Anrede »du« geben uns Mut und Sicherheit und stärken unsere Zuversicht. Wir sind Beobachter und können mit einer gewissen Distanz und Ruhe die Situation stressfrei betrachten. Man kann sich selbst als externer Berater oder Freund Ratschläge geben, sich selbst bestätigen und beruhigend einwirken: »Du schaffst das.« – »Bleib ganz ruhig, du wirst sehen, dass alles gut laufen wird.« – »Egal was passiert, die Welt wird sich weiter drehen.« Diese positive Wirkung der Selbstgespräche kann man auch für alltägliche Situationen einsetzen – probiere es aus. Du bist selbst dein bester Freund, dein bester Motivator, du hast dein Leben in der Hand.*

Anhang

Literatur

BIRKENBIHL Vera F.: **ABC-Kreativ: Techniken zur kreativen Problemlösung,** Ariston Verlag (2002)

BRYANT Fred u. a.: **Savoring** In: S. Lopez (Hg.): Encyclopedia of positive psychology; Wiley-Blackwell, New York (2013), 851-859

BUCAY Jorge: **Komm, ich erzähl Dir eine Geschichte,** Fischer Verlag (2007)

BURKART Gunter: **Wie das Mobiltelefon unser leben verändert hat**, Campus Verlag (2007)

CHADWICK Erica: **The structure of adolescent and adult savoring and the relationship to feeling good and functioning well.** Dissertation, Victoria University of Wellington, New Zealand (2014)

CRABBE Tony: **How to thrive in a world of too much,** Grand Central Publishing, New York (2015)

DAMASIO Antonio R.: **Descartes' Irrtum – Fühlen, Denken und das menschliche Gehirn.** List Taschenbuch (2004)

DILTS Robert: **Die Magie der Sprache,** Sleight of Mouth, Junfermann (2005)

EKMAN Paul: **Gefühle lesen. Wie Sie Emotionen erkennen und richtig interpretieren**, Spektrum Akademischer Verlag, Heidelberg (2004)

FREUD Sigmund: **Vorlesungen zur Einführung in die Psychoanalyse** – Neue Folge. S. Fischer Verlag (2007)

GLEI Jocely K.: **Manage your day today,** Amazon publishing (2013)

GLOMP Ingrid: **Schöner Stress,** Psychologie heute, Beltz Verlag (2015)

GREENBERG Jerrold: **Comprehensive Stress Management,** McGraw-Hill Education (2012)

HAIDT Jonathan: **Die Glückshypothese – Was uns wirklich glücklich macht.** VAK (2006)

HAMMER Matthias: **Schweig, Quälgeist,** Psychologie heute, Julius Beltz GmbH & Co.KG (2016)

HEATH Cheap und Dan: **Switch – Veränderungen wagen und dadurch gewinnen!** Scherz Verlag (2011)

HEINEMANN Helen: **Entspannung ist häufig langweilig,** Psychologie heute, Beltz Verlag (2015)

HELLER, Jutta: **Resilienz, 7 Schlüssel für mehr innere Stärke,** Gräfe und Unzer Verlag, München (2014)

HELLER, Jutta: **Resilienz, Innere Stärke für Führungskräfte,** Orell Füssli Verlag AG, Zürich (2015)

HUBER Andreas: **Moment mal!,** Artikel in Psychologie heute, Beltz Verlag (2015)

JANISCH Georgiopoulos Haris: **Burnout – Burn out...! Ways out...?** Harisma Life
Management, Skriptum zum Aufbaulehrgang für Psychosoziale BeraterInnen

JOSEF Annemarie: **Gute Gefühle,** Kurier Freizeit, Österreich, Februar 2016

KORMANN, G.: **Resilienz – Was Kinder stärkt und in ihrer Entwicklung unterstützt.**
In: Plieninger M. u. Schumacher E. (Hrsg.), Auf den Anfang kommt es an – Bildung und
Erziehung im Kindergarten und im Übergang zur Grundschule. Gmünder Hochschul-
reihe Nr. 27, S. 37–56 (2007).

KUTSCHERA Gundl: **Tanz zwischen Bewußt-sein & Unbewußt-sein,** NLP Arbeits- und
Übungsbuch, Junfermann Verlag, Paderborn (2002)

LAZARUS, R.S. & LAUNIER, R.: **Stressbezogene Transaktion zwischen Person und
Umwelt.** In: J.R. Nitsch (Hrsg.): **Stress – Theorien, Untersuchungen,** Manahmen, Bern:
Huber, S. 213–259 (1981)

LAZARUS, R.S.: **Stress and Emotion: A new synthesis,** Springer, New York (1999)

LINDAU Veit: **Werde verrückt.** Kailash Verlag, München (2015)

MAASS Evelyne, RITSCHL Karsten: **Phantasiereisen leicht gemacht, Die Macht der
Phantasie,** Junfermann Verlag, Paderborn (1996)

ROMING Anna: **Viel zu tun?** , Psychologie heute, BELTZ Verlag (2016)

RUBIN Yvonne: **Selbstbewusstsein: Mein Übungsbuch für mehr innere Stärke und
Ausgeglichenheit,** Gräfe und Unzer Verlag (2015)

RUST Serena: **Wenn die Giraffe mit dem Wolf tanzt,** KOHA-Verlag GmbH (2015)

SCHERMANN Monika: **Resilienz,** Abschlussarbeit »Psychologische Beratung für Stress-
management und Burnout Prävention«, wifi Wien (2016)

SCHNURR Eva-Maria: **Luft nach oben,** Der Spiegel: Wissen Nr. 3, 2013: Projekt ICH,
Neue Strategien für ein besseres Leben

SELYE Hans: **Stress – mein Leben,** Fischer Taschenbuch Verlag GmbH (1984)

DE SHAZER Steve, DOLAN Yvonne: **Mehr als ein Wunder,** Carl-Auer-Systeme Verlag
(2008)

SIEBERT, Al: **The Resiliency Advantage – Master Change, Thrive Under Pressure, and
Bounce Back from Setbacks,** Berrett-Koehler Publishers Inc. (2005)

SIEGRIST Ulrich, LUITJENS Martin: **30 Minuten Resilienz,** Gabal Verlag GmbH,
Offenbach (2015)

STAHL Stefanie: **Das Kind in dir muss Heimat finden,** Kailash Verlag München (2015)

STEPPER Sabine: **Der Einfluss der Körperhaltung auf die Emotion »Stolz«. Expe-
rimentelle Untersuchungen zur Körper-Feedback-Hypothese,** unveröffentlichte
Dissertation, Universität Mannheim (1992)

STORCH Maja: **Wie Embodiment in der Psychologie erforscht wurde.** In M. Storch, B. Cantieni, G. Hüther und W. Tschacher (Hrsg.) Embodiment. Die Wechselwirkung von Körper und Psyche verstehen und nutzen (S. 35–72), Verlag Hans Huber, Bern (2010)

STORCH Maja: **Das Geheimnis kluger Entscheidungen – Von Bauchgefühlen und Körpersignalen.** Piper Verlag GmbH (2013)

STORCH Maya, KRAUS Frank: **Selbstmanagement – ressourcenorientiert: Grundlagen und Trainingsmanual für die Arbeit mit dem Zürcher Ressourcen Modell (ZRM®),** Verlag Hans Huber (2014)

SULL Donald, EISENHARDT Kathleen M.: **Simple Rules. Einfache Regeln für komplexe Situationen.** Econ, Berlin (2015)

SULL Donald M., EISENHARDT Kathleen **Den Alltag managen,** Psychologie heute, Beltz Verlag (2015)

WEINTRAUB Pamela: **Sprich mit dir!,** Psychologie heute, Beltz Verlag (2016)